I0156194

Couverture inférieure manquante

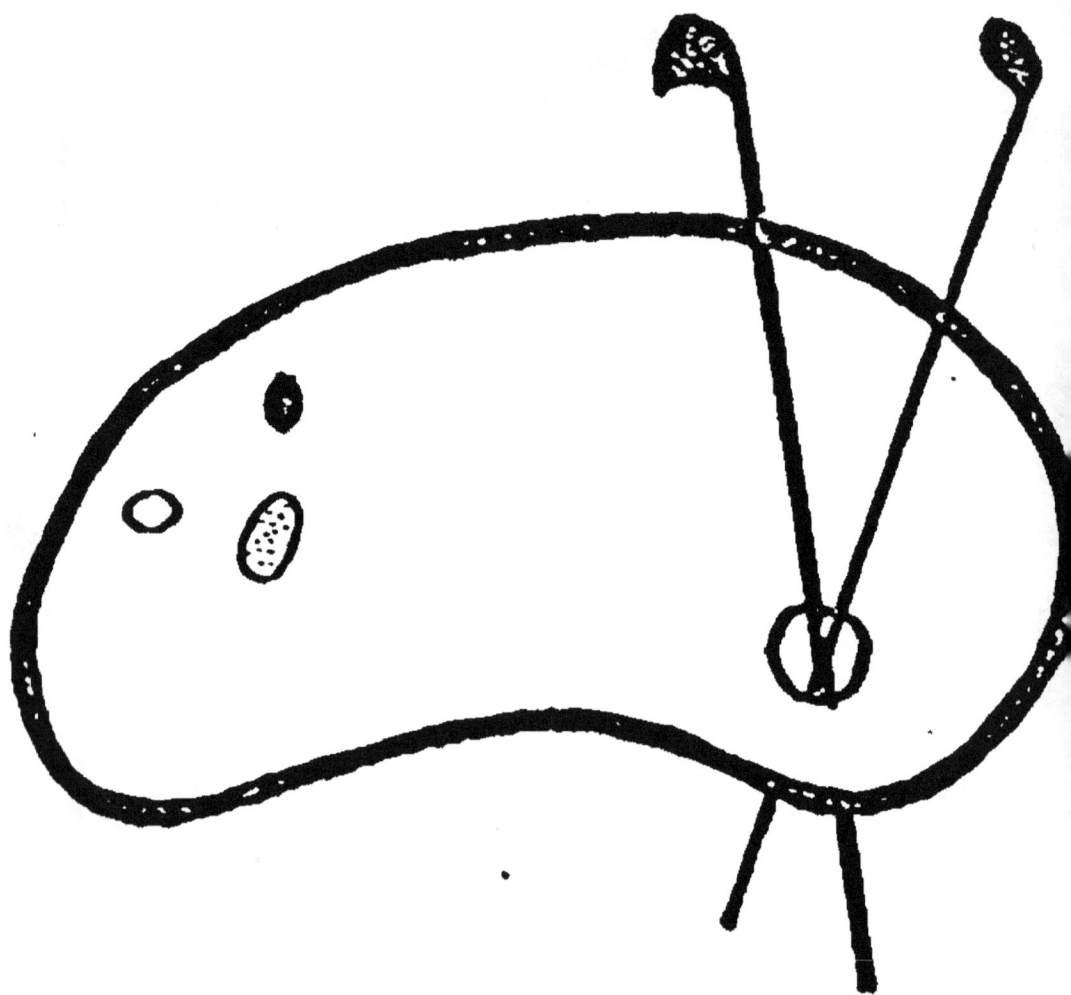

DEBUT D'UNE SERIE DE DOCUMENTS
EN COULEUR

ÉMILE CAMAU

LA GÉOGRAPHIE

DE LA

PROVENCE

44

PARIS

TYPOGRAPHIE CHAMEROT ET RENOUARD

19, RUE DES SAINTS-PÈRES, 19

1898

L 2 Jc
618

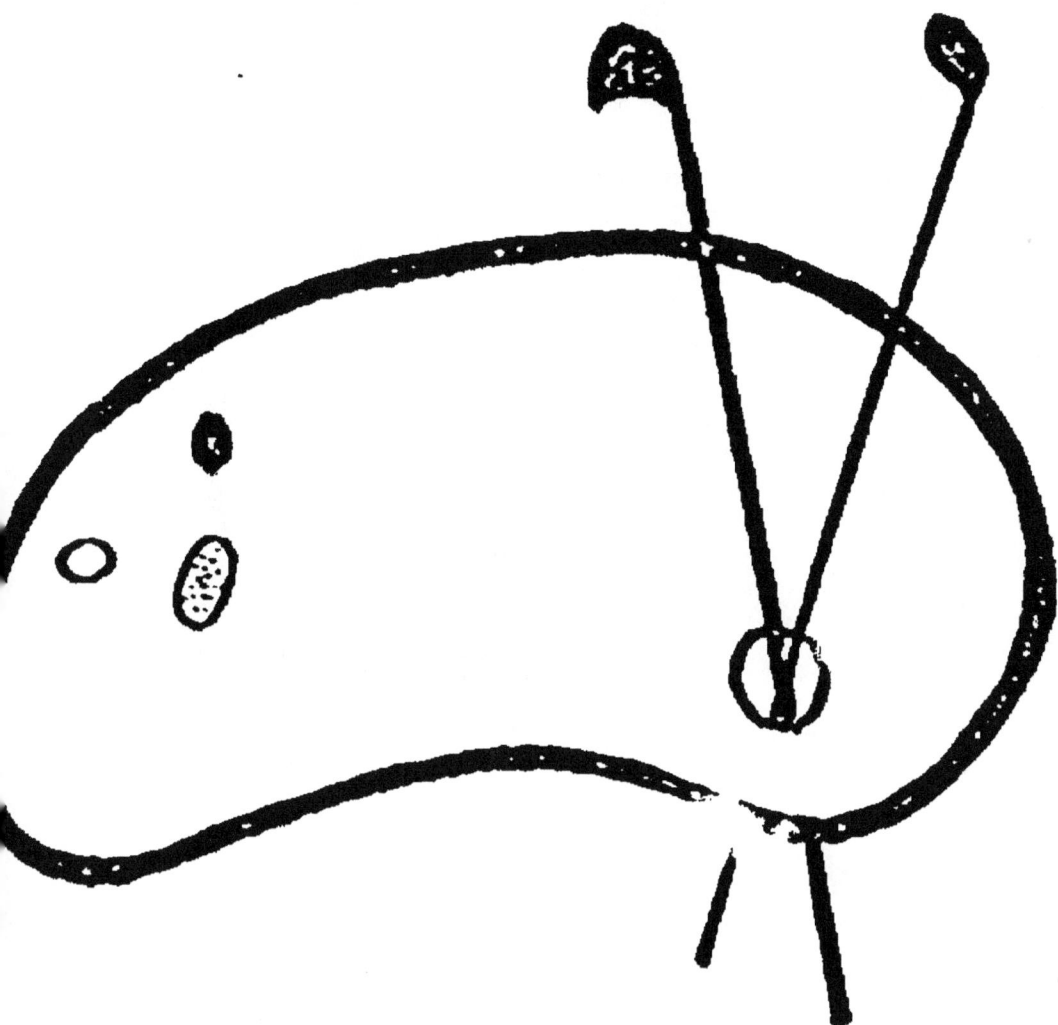

FIN D'UNE SERIE DE DOCUMENTS
EN COULEUR

LA GÉOGRAPHIE

DE LA

PROVENCE

$\_K^{2}$
4618

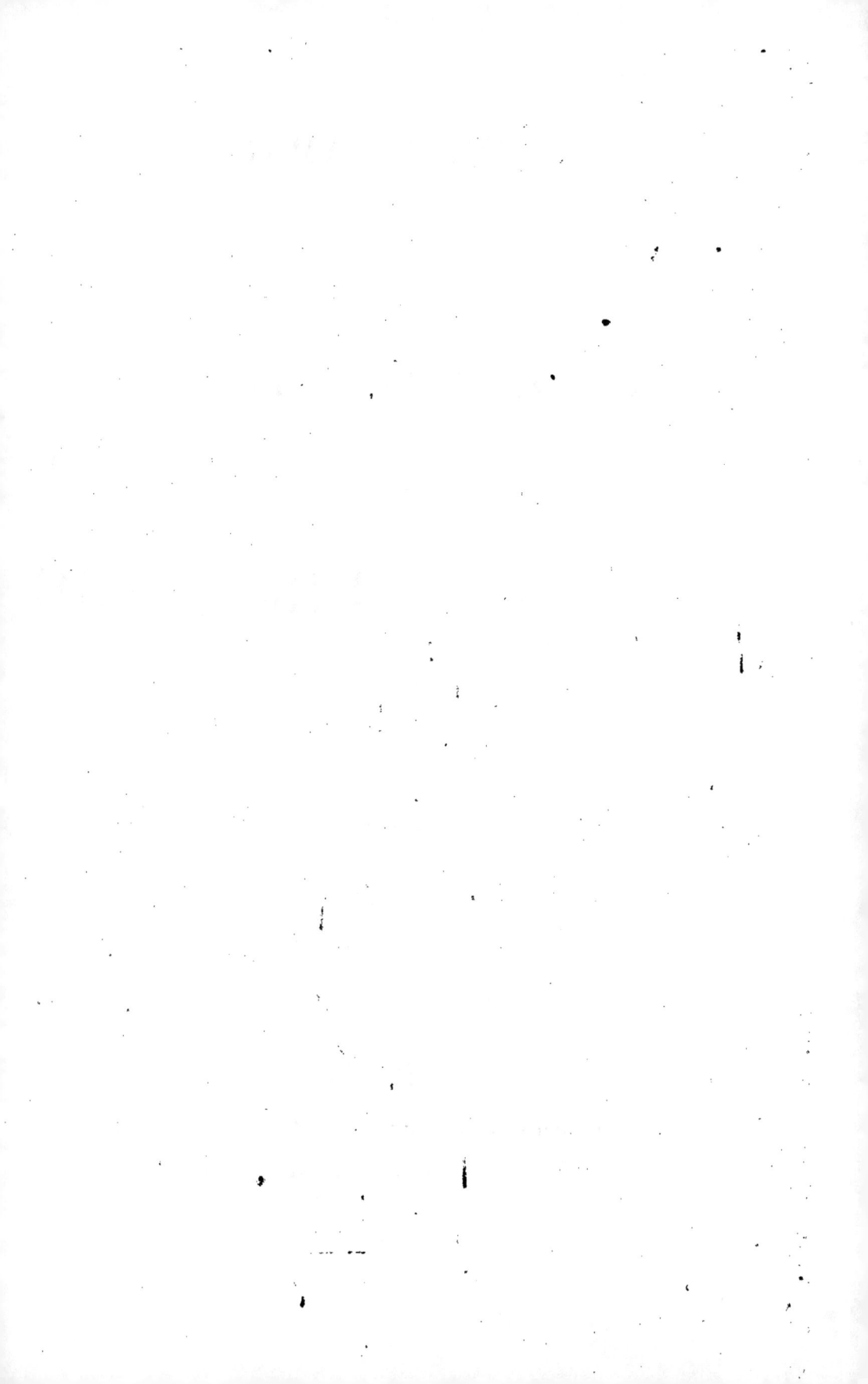

ÉMILE CAMAU

LA GÉOGRAPHIE

DE LA

92..699

PROVENCE

PARIS

TYPOGRAPHIE CHAMEROT ET RENOUARD

19, RUE DES SAINTS-PÈRES, 19

1898

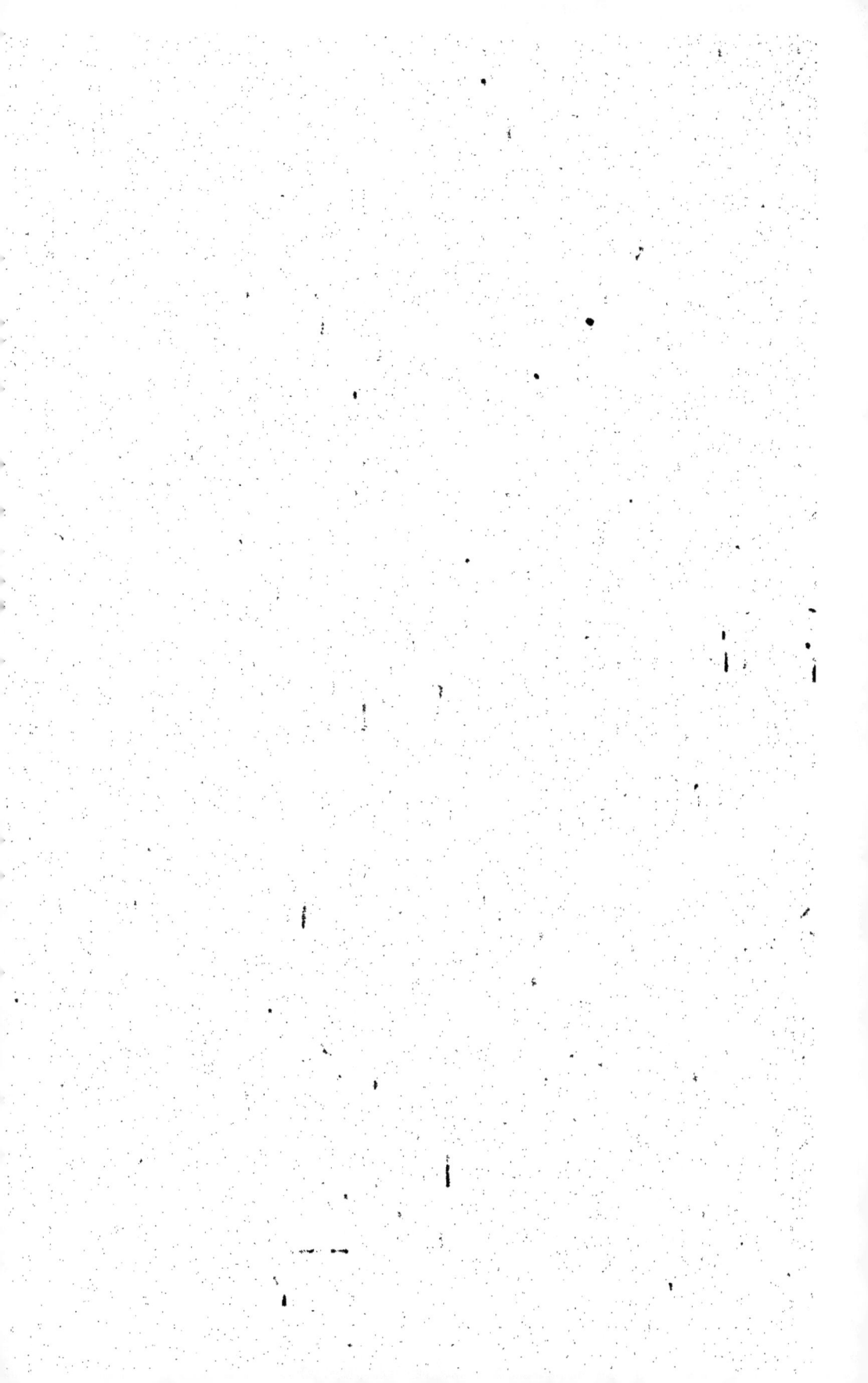

LA PROVENCE

A TRAVERS LES SIÈCLES

GÉOGRAPHIE ANCIENNE

LA PROVENCE AVANT L'HOMME

I

Transportons-nous par la pensée, s'il est possible, au premier jour de l'existence du globe terrestre. Ce globe est en complète fusion et les eaux ne se montrent qu'à l'état de vapeurs.

Mais cette fusion peu à peu diminue et, par suite des progrès du refroidissement général, la croûte terrestre se forme. Toutefois, cette croûte demeurera si mince qu'à la fin de notre XIX° siècle, la plupart des savants n'admettront pas que son épaisseur soit supérieure à cinquante kilomètres. Or, on peut exprimer, d'une façon vulgaire mais juste, le rapport entre le noyau liquide et la partie solidifiée : « Si l'on se figure la terre comme une orange, une feuille de papier un peu fort appliquée sur cette orange représentera l'épaisseur de l'enveloppe solide. »

Au lendemain de la création, des torrents de matières liquides, mêlées de gaz, soulèvent et percent cette enveloppe; de larges crevasses l'éventrent et, par ces ouver-

tures béantes, s'élancent des flots de granit qui viennent
se solidifier au dehors.

Ce premier sol, composé de matières identiques aux
formations volcaniques actuelles, présente une surface
aride et horriblement convulsée : des sommets escarpés
et des vallées profondes.

Si nous portons maintenant, d'une manière particulière,
notre pensée et notre imagination vers cette petite partie
du globe qui sera un jour la Provence, immédiatement
nous découvrons une élévation principale, celle qui de-
viendra le noyau de tout le système calcaire de la région,
le massif des Maures. De ce noyau, des rameaux s'élancent
de toutes parts vers les Corbières et les Pyrénées, vers la
Corse, la Sardaigne et les Apennins [1].

Du plus haut des sommets alors existants de cette
région, nous allons chercher à assister en spectateur
attentif aux transformations lentes mais continues de
notre Provence.

Nous venons de dire quel est son état au lendemain de la
création. Mais la période de transition commence et, tout
d'abord, les eaux, qui existaient seulement sous forme de
vapeurs, se condensent par suite du refroidissement général de l'écorce terrestre et envahissent peu à peu le
globe. Les mers occupent la terre presque tout entière ;
elles couvrent la plus grande partie de l'Europe. Il y a, au
sud de la France, deux îles émergées; l'une c'est « l'îlot
du Var », la chaîne des Maures, le massif de l'Esterel; la
seconde se trouve au nord de Saint-Martin-Vésubie, portion de la frontière franco-italienne comprise aujourd'hui
entre la limite des Basses-Alpes et les hauteurs du col de
Tende.

1. DE LAPPARENT, *Traité de géologie*, p. 1532.

Ces montagnes sont, en Provence, les seuls témoins de l'ancien aspect du monde. « Elles étaient alors encore plus élevées qu'elles ne le sont aujourd'hui; car, depuis ce temps, et après l'établissement des eaux, les mouvements de la mer et ensuite les pluies, les vents, les gelées, les courants d'eau, la chute des torrents, enfin toutes les injures des éléments, de l'air et de l'eau et les secousses des mouvements souterrains, n'ont pas cessé de les dégrader, de les trancher et même d'en renverser les parties les moins solides [1]. »

Les débris de ces terrains primitifs, entraînés au fond des eaux, ont formé peu à peu, et grâce à la durée des siècles, un grand nombre de couches sédimentaires, méthodiquement classées par les géologues.

Ces phénomènes se sont produits pendant des époques de calme. Mais ces époques de calme ont été séparées par des périodes de trouble ou de perturbation, qui ont donné lieu à des changements rapides et considérables. Les couches sédimentaires, déposées au fond des eaux, ont été soulevées au-dessus des mers, ont créé de nouvelles montagnes et ont augmenté ainsi l'étendue des terres émergées.

Au cours de l'époque de transition, qui suit immédiatement l'époque primitive, « l'îlot du Var » n'a pas été modifié d'une façon bien considérable : tout autour de la chaîne des Maures et de l'Esterel se sont seulement déposés quelques sédiments, grès rouges permiens, qui, soulevés ensuite, ont formé en avant une chaîne plus jeune, mais peu importante, dont on retrouve aujourd'hui les traces à Agay, à Saint-Raphaël, dans la plaine de Fréjus, dans la vallée du Reyran, aux environs de Cuers et d'Hyères [2], dans la presqu'île de Giens, à Port-Cros, à Porquerolles, à Carqueiranne, au cap Sicié, à Six-Fours [3],

1. BUFFON, Hist. naturelle, t. III, p. 264, édition de l'an VIII.
2. DE LAPPARENT, ouvr. cité, p. 718 et 900.
3. Carte géolog. détaillée de la France: 247, Marseille ; 248, Toulon.

à l'est de Pierrefeu, à Gonfaron, au Luc, à Collobrières et dans les montagnes de Sauvebonne [1].

Si ces premiers sédiments, déposés au fond des mers puis soulevés, n'ont pas modifié alors très sensiblement l'aspect de cette partie de la Provence, toutefois de nombreux mouvements de torsion du sol ont provoqué, dans le massif existant, de grandes et larges cassures à travers lesquelles se sont fait jour des porphyres et plusieurs autres roches éruptives : mélaphyres, granulites, serpentines, etc. Les traces de ces éruptions se voient au Plan de la Tour et généralement dans toute la chaîne des Maures [2]. Ce sont les porphyres de cette époque éruptive qui ont formé aussi les cimes principales de l'Esterel et entre autres le mont Vinaigre. Ces porphyres s'étendent encore, presque sans interruption, depuis le cap Roux jusqu'au port d'Agay, à l'est de Saint-Raphaël [3]; on les voit enfin à Carqueiranne, à Notre-Dame d'Antibes, à Biot, à Gargalong, au Puget de Fréjus, entre l'Esterel et les Adrets, au col de Grane et dans la vallée du Reyran.

La seconde des deux îles qui constituaient la Provence primitive, celle située au nord de Saint-Martin-Vésubie et comprenant les cimes frontières des Alpes-Maritimes, avait été sinon transformée, du moins modifiée d'une façon beaucoup plus importante que celle du Var. Elle s'était tout d'abord augmentée de quelques dépôts sédimentaires qu'on retrouve sur la rive droite de la Roya [4] et dans la gorge du Cians, sur la ligne de Nice à Puget-Théniers [5]. En outre, tout autour de cette île, sur l'em-

1. *Prodrome d'h. nat. du dép. du Var*, p. 6 à 9.
2. FALSAN, *les Alpes françaises*, p. 81.
3. DUFRÉNOY et ÉLIE DE BEAUMONT, *Expl. de la carte g. de Fr.*, t. I, p. 130, 175.
4. *Carte géol. détaillée de la France*, 213 bis, S.-George.
5. AMOSSANE, *Ligne de Nice à Grasse et à P.-Théniers*, p. 59 et 61.

placement occupé de nos jours par les Alpes, s'étendait maintenant, à fleur d'eau et émergé à peine, une sorte de petit continent que limiterait à cette heure une ligne circulaire passant par Inspruck, Milan, Gênes, la Corse, Nice et Briançon. La mer ne dépassait plus les environs d'Isola[1]. D'ailleurs, l'étude des sédiments de cette époque nous fait soupçonner la plupart du temps des rivages très instables, constamment remaniés par une mer qui, au lieu de côtes élevées, ne rencontrait devant elle que des plages marécageuses et incertaines[2].

C'est pendant la période de transition que la vie a succédé au silence de la matière inerte; elle a envahi la surface du globe; de toutes parts, au milieu du monde minéral, a apparu le monde organique.

Les mers se peuplent avec rapidité de végétaux, principalement d'algues, remarquables par leur puissance et leur multiplicité[3]. Quant aux végétaux terrestres, d'abord très rares et se réduisant à quelques plantes de la famille des lycopodes et des cryptogames, dont nos champignons actuels peuvent nous donner une idée, ils prennent bientôt un développement immense, prodigieux.

Le caractère de la végétation de cette époque, a écrit M. de Saporta, était la profusion plutôt que la richesse, la vigueur plutôt que la variété[4].

Les fougères qui, de nos jours et dans nos climats, ne sont le plus souvent que des herbes vivaces, se présentaient quelquefois sous des formes d'un port très élevé. Nos lycopodes actuels sont d'humbles plantes, le plus souvent rampantes; elles n'atteignent pas un mètre de haut. Or, les lycopodes de l'ancien monde étaient des arbres de 25 a

1. *Bull. de la S. géolog. de Fr.*, t. XXI, 1893, p. XV.
2. DE LAPPARENT, ouvr. cité, p. 736 et 747.
3. G. DE SAPORTA, *A propos des algues fossiles*, p. 75.
4. *Le monde des plantes avant l'apparition de l'homme*, p. 65.

30 mètres d'élévation. Les lépidodendrons peuplaient les forêts; leurs feuilles atteignaient souvent un demi-mètre de long et leur tronc avait jusqu'à un mètre de diamètre.

Dans nos contrées provençales, les empreintes végétales de cette époque sont essentiellement composées de roseaux, de fougères, de conifères [1]. M. Ph. Matheron a découvert dans le Var de belles empreintes de fougères et de calamites [2]. M. Texier a constaté dans l'Esterel la présence des restes d'une forêt de bambous de grandes dimensions, puisque certains avaient plus de 1^m,60 de circonférence [3].

Un des arbres forestiers les plus répandus de l'époque, celui qui devait peupler et ombrager toutes les pentes, a reçu le nom de walchia; il appartenait à la famille des conifères et était voisin par le port, la forme et l'agencement des feuilles, des araucarias actuels. Des restes de ces walchias ont été recueillis aux abords de l'Esterel et aux environs de Fréjus [4].

Si la végétation se composait alors de grands arbres, elle se composait aussi et surtout de petits végétaux, dont l'ensemble devait former un gazon épais et serré, à demi noyé dans des marécages d'une étendue presque sans limites. Des pluies continuelles, une chaleur intense, une lumière douce, voilée par des brouillards permanents, engendraient cette végétation toute particulière, dont on chercherait vainement l'analogue de nos jours. Et si l'on voulait toutefois se faire une idée, par une localité moderne, du climat et de la végétation propres à la phase géologique qui nous occupe, il faudrait visiter certaines îles de l'océan Pacifique; par exemple l'île de Chiloë, où

1. H. DE VILLENEUVE-FLAYOSC, *Description minéralogique et géologique du Var*, p. 79.

2. *Rep. des tr. de la S. de statistique de Marseille*, t. VI, 1842, p. 86.

3. *Mémoire relatif à la géologie des environs de Fréjus.*

4. DE SAPORTA, *Revue des Deux Mondes*, 15 avril 1886.

il pleut pendant trois cents jours de l'année, et où le soleil est perpétuellement caché par des brouillards. La végétation de cette île peut donner une idée approximative de celle qui couvrait alors le globe terrestre. Des fougères arborescentes forment en partie des forêts; à leur ombre croissent des fougères herbacées, s'élevant à un mètre au-dessus du sol presque entièrement marécageux, et qui donne asile à une masse de cryptogames, rappelant ainsi les grands traits de la flore que nous signalons [1].

À l'époque de transition, l'écoulement des eaux à la surface du sol ne donnait lieu ni à des fleuves, ni à des torrents, mais seulement à des lagunes alimentées par une multitude de ruisseaux qui descendaient de toutes les pentes et parcouraient le fond des ondulations [2].

Ces ruisseaux, traversant des régions entières couvertes de la prodigieuse végétation que nous avons indiquée, charrièrent des graviers, des vases, des débris de végétaux et les précipitèrent dans des golfes ou des détroits marins, dans des lagunes ou dans des lacs.

Ces charriages continus amenèrent l'ensevelissement de l'alluvion sous de nouvelles couches de sédiments [3]. Les forêts et les grandes masses végétales se trouvèrent submergées, après avoir couvert pendant un certain temps la surface de la terre. Plantes et arbres peu à peu renversés, entraînés au fond des eaux, furent ensuite enfouis sous les éboulements et les dépôts des terrains postérieurs, et ce sont leurs débris accumulés qui ont formé la houille.

En effet, en séjournant sous les eaux, ces masses végétales y subirent une décomposition qui donna naissance à beaucoup de carbures d'hydrogène, gazeux ou liquides; elles furent ainsi transformées en charbon. Ensevelies

1. L. FIGUIER, *la Terre avant le déluge*, p. 112, 113.
2. G. DE SAPORTA, *Température des temps géolog.*, p. 17.
3. DE LAPPARENT, ouv. cité, p. 877.

sous d'énormes épaisseurs de roches, elles se sont con-
servées jusqu'à nos jours, après s'être modifiées dans leur
nature intime et leur aspect extérieur.

On a reconnu dans le département du Var trois bassins
houillers distincts. Le premier, situé au nord de Fréjus,
dans les montagnes de l'Esterel, présente le développement le plus considérable et constitue le fond des vallées
du Reyran, du Biançon et des Vaux; on évalue son étendue
à 1,756 hectares[1]. Le second bassin s'étend dans les montagnes des Maures, au nord du Plan de la Tour, entre
Fréjus et Toulon, et jusqu'au fort Lamalgue, aux portes de
cette dernière ville. Il existe aussi un lambeau houiller
près du golfe de Sanary. Enfin les environs de Collobrières
présentent un petit bassin[2]. La puissance de ces couches
varie de 100 à 300 mètres.

Dans le département des Alpes-Maritimes, il y a
quelques maigres filons de houille au mont Gros à Nice,
dans les environs de Grasse, au mont Agel vers la Turbie,
près de Peille, près de Gorbio, à Lucéram, à Sainte-Agnès,
à Castillon, au quartier du Plan-Germain à Sospel, près
d'Utelle, au vallon de la Gordolasque près de Belvédère,
près de Clans et à Puget-Théniers; ces derniers gisements
vont se confondre avec ceux du Var[3].

Ces divers dépôts houillers ne modifièrent nullement
l'aspect de la Provence, restée telle que nous l'avons dé-
crite.

Pendant qu'au cours de l'époque de transition se produisaient les phénomènes successivement signalés, les
animaux faisaient leur apparition dans les mers d'abord,
puis sur la terre.

---

1. Dufrénoy et Élie de Beaumont, ouvr. cité, t. I, p. 502.
2. H. Coquand, *Cours de géologie*, p. 163, 164.
3. A. Risso, *Hist. nat. des principales productions de l'Europe
mérid.*, t. I, p. 20 à 23.

Nombreux et variés furent les premiers animaux qui habitèrent les eaux de la mer. On peut compter, dès le lendemain de leur apparition, plus de trente de leurs formes : des trilobites, des brachiopodes, des acéphalés, des échinodermes, des spongiaires[1].

Les trilobites composaient environ dix-sept mille espèces réparties en cent quarante genres, dont plusieurs particulièrement importants[2]. Leur aspect était des plus singuliers et les cloportes sont, dans le règne animal actuel, les êtres qui pourraient le mieux nous en indiquer le type. Ces trilobites présentaient tous les états de développement, depuis ceux qui avaient deux anneaux au thorax jusqu'à ceux qui en avaient vingt-quatre, et depuis les genres aveugles jusqu'à ceux ayant les plus grands yeux[3]. « À une époque où il n'y avait pas encore des êtres d'un ordre élevé, les trilobites ont servi à animer, à orner le monde, afin que, même dans ses jours de simplicité primitive, il eût déjà un certain degré de beauté[4]. »

Les brachiopodes, sortes de vers à coquille, ont eu alors leur plus grande taille : le *Productus giganteus* avait 30 centimètres de largeur; d'autre part, la richesse de leurs formes n'a pas été égalée dans les âges plus récents, et enfin ils furent représentés, dès leur création, par une multitude d'individus.

Les sarcodaires, famille des foraminifères, sont de curieuses et microscopiques créatures : beaucoup d'entre elles exercent des fonctions sans avoir d'organes apparents pour les accomplir; elles n'ont pas de nerfs, et pourtant elles marquent quelque sensibilité; pas de muscles et elles se meuvent; pas d'estomac et elles se nourrissent; pas de vaisseaux et elles sécrètent des coquilles de la plus

1. De Lapparent, ouvr. cité, p. 718, 719.
2. F. Priem, *l'Évolution des formes animales*, p. 243, 245.
3. *Proceeding's of the geol. Soc. of London*, vol. XXVIII, 1872, p. 174.
4. A. Gaudry, *les Enchaînements du monde animal*, p. 189.

admirable structure; pas d'organes de génération, et elles se reproduisent avec rapidité. M. Schlumberger, étudiant des vases du fond de l'Atlantique, y a constaté 116,000 coquilles de foraminifères par centimètre cube.

La classe des céphalopodes, représentée de nos jours par les poulpes, atteint à ce moment un développement exceptionnel : on en compte plus de 1,600 espèces. Quelques représentants de cette classe, les orthocères, sont de taille géante et ont jusqu'à deux mètres de longueur[1].

Les polypes et les échinodermes prennent une large extension. Ils sont de formes si bizarres que M. James Hall[2] dit qu'ils ont donné au fond des océans « l'aspect d'un jardin de lis ou de tulipes ».

Les mers s'enrichirent ensuite de quelques autres espèces animales, de mollusques et de crustacés. Ces derniers étaient remarquables à la fois par leur organisation et leur grande taille. L'un d'eux, le *Pterygotus anglicus*, avait jusqu'à 1ᵐ,80 de long[3].

La plupart des animaux parus les premiers semblent avoir été mieux organisés pour se défendre que pour attaquer; plus rares qu'aujourd'hui, ils paraissent avoir eu plus besoin d'être conservés. En effet si, au lieu d'êtres chétifs, protégés par une coquille ou une carapace, il y avait eu, à l'origine, des êtres plus puissants pour l'attaque que pour la défense, peut-être la vie ne se serait-elle pas développée sur notre planète, et il y aurait le néant là où elle s'épanouit féconde et diversifiée[4].

C'est pour cette raison que les poissons qui parurent pour la première fois étaient pourvus d'une sorte de cui-

1. De Lapparent, ouvr. cité, p. 751.
2. *Musée d'hist. naturelle de New-York*, 1879, 25ᵉ rapport annuel p. 145. Albany.
3. F. Priem, ouvr. cité, p. 216, 217.
4. A. Gaudry, ouvr. cité, p. 293, 294.

rasse, à peu près comme notre esturgeon ; on leur a donné le nom de poissons *ganoïdes*.

Plusieurs de ces poissons appartenaient à la famille vorace des sauroïdes. Ils réunissaient dans leur structure un ensemble de caractères qui leur sont communs avec la classe des reptiles. Leurs dents égalaient, par leurs dimensions, celles des plus grands crocodiles : ce qui prouve que ces animaux atteignaient un volume énorme. Leurs seuls représentants, dans la création actuelle, vivent dans les embouchures des fleuves du Sénégal.

Les mers étaient encore peuplées de plusieurs espèces de polypiers, de ceux que l'on retrouve de nos jours sur les récifs madréporiques ; puis d'ammonites, coquilles ayant des ressemblances avec les cornes enroulées dont on ornait en Lydie la figure de Jupiter Ammon ; enfin de reptiles semblables à nos crocodiles, et désignés sous le nom de proterosaurus[1].

Sur terre, parmi les premiers animaux parus, il faut citer quelques scorpions, très voisins des scorpions actuels[2], puis des insectes remarquables par leur grande taille. Certains n'avaient pas moins de vingt centimètres d'envergure[3]. Les principaux de ces insectes furent les blattes, les sauterelles, les libellules, les coléoptères, les éphémères, les termites[4].

Scorpions, blattes, termites demeuraient sans doute à l'ombre épaisse des forêts : les uns pénétraient dans l'intérieur des vieux troncs pour les ronger, les autres s'insinuaient dans les fentes pour rechercher les parties moelleuses et féculentes, ou se cachaient dans les amas détritiques qui devaient abonder. C'est là peut-être que

1. L. Frocier, ouvr. cité, p. 132, 133, 139.
2. De Lapparent, ouvr. cité, p. 751.
3. A. Gaudry, *Revue des Deux Mondes*, 15 février 1896.
4. G. de Saporta, *le Monde des plantes*, p. 13 et 15.

leurs races ont contracté, il y a des millions d'années, par
un long séjour dans l'obscurité des bois, sous un ciel bas
et voilé, les habitudes nocturnes qui les distinguent
encore; mais, à côté d'eux, les sauterelles et les libellules
traversaient l'air librement ; les premières s'attaquant aux
feuilles de fougères, les autres poursuivant une proie
vivante : de là les principales scènes animées, et probablement les seuls cris et les rares bourdonnements qui
troublaient le silence de cette nature primitive. Car aucun
mammifère ne s'était encore montré ; aucun oiseau
n'avait déployé ses ailes ; on ne trouvait sur les continents,
hors les insectes, que de rares reptiles fangeux et amphi-
bies, avant-coureurs de ces monstrueux sauriens qui
devaient apparaître à l'époque secondaire.

II

Un brusque bouleversement a mis fin à l'époque de
transition et a donné naissance à l'époque secondaire.

Ce bouleversement, causé par le soulèvement de vastes
terres dans le nord de l'Europe, n'a pas produit de changements notables dans l'île du Var; par contre, il a
modifié d'une façon sensible l'aspect de l'île située au nord
de Saint-Martin-Vésubie. Tout le continent, à peine
émergé, qui avait apparu au cours de l'époque de transition et qui entourait cette île, s'est affaissé et a de
nouveau disparu sous les eaux. Il n'en reste plus que
quelques traces au col Longet, dans les Basses-Alpes.

Donc, une île assez vaste, formée par les Maures et
l'Esterel; une seconde, de moindre importance, comprenant les cimes frontières des Alpes-Maritimes; enfin un
petit îlot au col Longet, telle est la Provence au début de
l'époque secondaire.

Mais de nouveaux terrains, prenant successivement les noms de triasique, jurassique et crétacé, continuent à se former au fond des mers; puis, au fur et à mesure de leur formation, des exhaussements lents, mais continus, les poussent hors des eaux et augmentent ainsi peu à peu l'étendue de la Provence.

Les montagnes primitives se trouvent par ce fait environnées bientôt de terres triasiques assez importantes. L'îlot du col Longet s'agrandit; une ceinture se forme autour du massif existant des Alpes-Maritimes[1]; enfin l'île du Var gagne, vers l'est, jusqu'à Cannes et à Grasse; au nord, jusqu'à Saint-Maximin et Brignoles et même jusqu'à Draguignan[2]; à l'ouest, jusqu'au Beausset et à la Cadière[3]. Dans cette même direction, quelques rochers apparaissent en outre vers Saint-Zacharie, Roquevaire, Auriol, Allauch et Saint-Julien de Marseille[4].

Ces derniers rochers ne sont que les avant-coureurs des vastes soulèvements jurassiques qui vont maintenant se produire. Les montagnes de la Sainte-Baume et de Sainte-Victoire surgissent au milieu des eaux. La chaîne de Sainte-Victoire se poursuit jusqu'à Saint-Chamas[5]; quant au massif de la Sainte-Baume, qui se rattache par Saint-Maximin et le Beausset à l'ensemble des terrains du Var, il devient la tête d'un compas montagneux enserrant le bassin de Marseille; la branche du nord par Garlaban, Notre-Dame-des-Anges, l'Étoile et la Nerthe; celle du sud par la Gardiole, Carpiagne et Marsiho-Veyre[6].

1. Bull. S. géol. de France, t. XXI, 1893, p. 15. — Carte géologique détaillée de la France, 213 bis, Saorge.
2. Prodome d'hist. nat. du dép. du Var, p. 6 à 9.
3. Bull. S. géol. de F., t. XIX, 1885-86, p. 522. — DIEULAFAIT, Études sur la formation du trias en Provence, p. 7.
4. SACREL, Diction. des B.-du-Rhône, t. I, p. 72, 73.
5. MATHERON, Essai sur la const. des B.-du-Rh., p. 7, 24 à 26.
6. MARION, Annales du musée d'hist. nat. de Marseille, t. I, p. 7 à 9.

En même temps, de larges terres surgissent du fond
des eaux vers Sisteron, Digne, Castellane et Grasse. Plus
à l'est, le massif des Alpes-Maritimes s'agrandit encore
par le soulèvement des montagnes de l'Authion et de toutes
les chaînes qui s'en détachent jusqu'à la mer [1]. On en
retrouve les traces au col de Raus, au col de Braus, à Utelle,
au Férion, à Eze, à la Turbie, au col de Villefranche [2].

La Provence prend alors de vastes proportions, car les
terres émergées forment des îles d'une assez grande étendue. Néanmoins tout le département de Vaucluse est
encore sous l'eau, de même la majeure partie de celui des
Bouches-du-Rhône et une importante fraction des Basses-
Alpes. Mais ces terres vont bientôt apparaître.

Déjà se dessinent, à la surface des mers, les montagnes
crétacées du Luberon [3] et du Ventoux ; puis le rocher des
Doms à Avignon, les hauteurs au pied desquelles est assise
la ville de Cavaillon, les monts de la Fontaine-de-Vaucluse [4]
font présager pour la première fois la vallée du Rhône.

Le même soulèvement crétacé se poursuit dans le
département des Bouches-du-Rhône et donne naissance
aux hauteurs de la Montagnette près de Tarascon, à la
chaîne des Alpines et à celle de la Trevaresse, enfin à la
chaîne d'Eguilles qui vient rejoindre le massif de Sainte-
Victoire.

La chaîne de montagnes, qui enserre le bassin de Marseille, s'élargit et s'allonge. Le massif de Carpiagne et de
Marsiho-Veyre augmente considérablement par la formation de toute la côte de Marseille à la Ciotat, et par l'exhaussement de la colline de Notre-Dame-de-la-Garde et
des îles de Pomègue, Ratonneau, Maïre, Jaïre, Riou, etc.

---

1. *Bull. S. géol. de Fr.*, t. XXI, 1893, p. 110.
2. Risso, ouvr. cité, p. 25 à 28.
3. Gaudry, *Les animaux fossiles du mont Léberon*, p. 101.
4. S. Gras, *Description géologique du département de Vaucluse*,
p. 80 à 92.

Dans les Basses-Alpes, les montagnes de Lure, les hauteurs de Volx, de Forcalquier, de Saint-Étienne-les-Orgues [1], de Malefougasse, de Barcelonnette, de Sisteron, de Digne, de Castellane forment une sorte de vaste archipel dont les terres diverses semblent vouloir se grouper d'abord, puis se joindre à l'île déjà immense du Var.

A ce moment, la Provence présente une masse continentale remarquable. Le département du Var existe à peu près en entier; ceux des Basses-Alpes et des Alpes-Maritimes existent en grande partie. Toutes les hauteurs des Bouches-du-Rhône et de Vaucluse sont émergées.

La mer, on le voit, ne s'est pas cependant définitivement et complètement éloignée du sol provençal. Dans les Alpes-Maritimes, elle recouvre le bassin de Nice; puis, par la vallée du Var, elle remonte, entre le Cheiron et les Alpes [2], vers Puget-Théniers, Entrevaux, Colmars, Allos, et même jusqu'au Pelvoux. Dans le Var, elle forme un golfe peu large, mais sinueux, qui prend naissance vers les Lecques et s'avance jusqu'au delà de la Cadière et du Beausset, sur le flanc sud de la Sainte-Baume.

Dans les Bouches-du-Rhône, un autre golfe, à proportions plus importantes, part de l'étang de Berre, s'avance entre Martigues et Saint-Chamas, monte entre la chaîne de l'Étoile et celle de Sainte-Victoire et s'étend ainsi jusque dans les environs de Trets; là il donne naissance à un bras plus étroit gagnant le Plan d'Aups et venant battre les hauteurs de la Sainte-Baume sur leur flanc nord.

Le territoire de Marseille est sous l'eau; au centre de ce grand lac, formé par le compas montagneux que nous avons signalé, la petite île de Saint-Julien seule apparaît.

1. S. GRAS, *Statistique minéralogique des Basses-Alpes*, p. 109, 103 à 119.

2. *Annales de la Société des sciences, lettres et arts des Alpes-Maritimes*, 1873.

La mer recouvre enfin tout le sud-ouest du département des Bouches-du-Rhône, et de là atteint celui de Vaucluse dont elle occupe encore la majeure partie.

Mais, peu à peu, cette mer, connue sous le nom de mer nummulitique, se retire, faisant place d'abord à des lagunes, puis à des eaux saumâtres, finalement à des nappes dormantes de jour en jour s'éteignant.

Les géologues s'accordent à croire que les mers de l'époque secondaire furent, dans le midi de la France, d'abord basses et plutôt vaseuses[1]. La flore de ces mers se composait principalement d'algues dont les empreintes, très abondantes, apparaissent à plusieurs niveaux.

Les pentacrinites, fixées au fond des eaux par un pédoncule, foisonnaient. Les mers renfermaient, en outre, de très nombreux mollusques. Les huitres se multipliaient rapidement. Les gastéropodes, mollusques se rapprochant plus ou moins de l'escargot, subissaient aussi cette progression. De même les ammonites, qui pouvaient s'élever au-dessus de l'eau ou descendre dans ses profondeurs, et dont quelques-unes avaient la dimension d'une roue de voiture.

Les hippurites, énormes coquilles bivalves, ont formé, dans les environs des Martigues, des couches très épaisses.

Les belemnites vivaient à la même époque et allaient par bandes. On suppose qu'elles nageaient à reculons et très rapidement. Ces mollusques, voisins des poulpes et pieuvres, doivent leur nom à une ressemblance grossière avec un dard ou une flèche. On s'en formera une idée assez exacte en se représentant notre seiche actuelle. La belemnite, comme la seiche, sécrétait une matière noire, liquide, une sorte d'encre qui obscurcissait l'eau quand l'animal

1. G. DE SAPORTA, *Revue des Deux Mondes*, 15 avril 1886.

voulait échapper à son ennemi[1]. Certaines belemnites atteignaient une taille de deux mètres.

Les échinodermes croissaient aussi en grand nombre; les oursins, en particulier, avaient trouvé des conditions de développement éminemment favorables.

Les céphalopodes ont joué un très grand rôle à cette période, et leurs débris accumulés atteignent, à la Bédoule par exemple, dans les Bouches-du-Rhône, des dimensions considérables.

Les polypiers étaient aussi en grande quantité dans les mers de l'époque; ils y formaient des récifs madréporiques, qui se présentent à nous en masses de plusieurs mètres de circonférence. La plupart des montagnes des Basses-Alpes, les environs de Moustiers et de Digne, de Menton et de Grasse, de Brignoles et de Rians, d'Aix et d'Eyguières, ainsi que le mont Olympe, près de Trets, les hauteurs de Vaufrèges près de Marseille, et une partie de la chaîne de l'Étoile appartiennent à cette formation. On retrouve encore de beaux types de ces récifs au bord de l'étang de Berre, aux environs des Martigues, à la Cadière et surtout au-dessus du Beausset.

Les crustacés se multiplient dans les temps secondaires et quelques-unes de leurs formes sont voisines de celles d'aujourd'hui : écrevisses, langoustes, crabes.

Les poissons existant au début de la période secondaire étaient couverts, comme ceux des temps primaires, d'écailles dures et brillantes, cachant leur squelette interne. Mais, peu à peu, ces écailles s'amollissent et, à la fin des temps secondaires, les poissons ne sont plus revêtus d'une cuirasse. Ces poissons, de différents genres, se rapprochaient les uns, les plus gros, des requins et des squales; les autres, des sardines et des raies. Ils se sont

---

1. GAUDRY, *Les enchaînements du monde animal, époque secondaire*, p. 125.

maintenus jusqu'à nos jours, mais avec des dimensions
diminuées.

Des reptiles, d'une grandeur et d'une structure extraordinaires, donnaient enfin aux mers de l'époque secondaire
un intérêt et des traits tout particuliers. C'est alors qu'apparurent ces énormes sauriens dont les dimensions et les
formes nous présentent, sous le plus étrange aspect, les
animaux de l'ancien monde.

L'ichthyosaurus, entre autres, possédait à peu près le
museau d'un marsouin actuel, la tête d'un lézard, les dents
d'un crocodile, les vertèbres d'un poisson et les nageoires
de la baleine. Les yeux de l'ichthyosaurus, dont le volume
excédait souvent celui de la tête d'un homme, étaient, a dit
Buckland[1], « des instruments d'optique d'un pouvoir varié
et prodigieux; ils permettaient à l'ichthyosaurus d'aper-
cevoir sa proie à une grande ou à une petite distance,
dans l'obscurité de la nuit et dans les profondeurs de la
mer ».

L'ichthyosaurus était un animal exclusivement marin;
ses quatre nageoires lui permettaient de se mouvoir
encore plus rapidement que les cétacés. Certains de ces
animaux n'avaient pas moins de dix mètres de long.

Le plesiosaurus était plus extraordinaire encore. Il avait,
comme l'ichthyosaurus, la tête d'un lézard, mais il possédait un cou d'une longueur démesurée, ressemblant au
corps d'un serpent. Il nageait non dans les profondeurs,
mais à la surface des eaux, comme le cygne et les oiseaux
aquatiques. Recourbant en arrière son cou long et flexible,
il dardait sa tête robuste et armée de dents tranchantes,
pour saisir les poissons qui s'approchaient de lui. On en
a trouvé dont le squelette avait dix mètres de long. Cuvier
a dit du plesiosaurus qu'il offrait « l'ensemble des carac-

1. *Geology and Mineralogy*, t. I, p. 173.

tères les plus monstrueux que l'on ait rencontrés parmi les races de l'ancien monde ».

Le teleosaurus ressemblait anatomiquement aux crocodiles ou gavials actuels de l'Inde; sa taille allait jusqu'à dix mètres de longueur, dont un ou deux pour la tête. Avec son énorme gueule, fendue bien au delà des oreilles, et qui avait une ouverture immense, il pouvait engloutir, dans les profondeurs de son monstrueux palais, des animaux de la taille du bœuf[1].

Le reptile crocodilien trouvé à Gargas, près Apt, dans le département de Vaucluse[2], appartenait sans doute à cette famille.

C'est encore un des reptiles de cette époque que M. Eugène Raspail a découvert en 1842, près de Gigondas, région voisine du Ventoux, et auquel il a donné le nom de neustosaurus ou lézard nageant. Cet animal avait 5m,55 de long.

Pendant qu'au sein des mers secondaires naissaient et se développaient les végétaux et les animaux que nous venons de signaler, sur les continents émergés d'autres végétaux et d'autres animaux apparaissaient aussi et se transformaient.

Les lycopodes, les fougères gigantesques avaient disparu. Des conifères de grande taille constituaient la masse principale des forêts d'alors. De ces conifères, les uns ressemblaient aux araucarias, les autres avaient l'aspect de nos cyprès[3]. Des cycadées, joignant en partie l'organisation des conifères à l'élégance des palmiers, ornaient aussi la terre. Des champignons et des lichens se montraient sur le sol. Des yuccas et des dracænas[4] apparurent.

1. L. Figuier, ouvr. cité, p. 212, 215.
2. Gervais, Zoologie et Paléontologie françaises, p. 118.
3. G. de Saporta, le Monde des plantes, p. 191.
4. Bull. S. géol. de Fr., t. XXII, 1894, p. 116.

Cette diffusion des plantes indique que, pour la première fois sans doute, une lumière solaire suffisamment vive et un certain jeu des saisons présidaient au phénomène de la végétation[1].

Au milieu des forêts de l'époque secondaire vivaient les dinosauriens, curieux reptiles dont les uns, le nanosaurus entre autres, étaient à peine grands comme un chat, tandis que les autres, l'atlantosaurus par exemple, avaient vingt-quatre mètres de long. Parmi ces dinosauriens, certains étaient carnivores, comme le megalausaurus; d'autres herbivores, comme l'iguanodon. Les terrains jurassiques de la Gabi, près de Castellane, ont offert des fragments d'ossements ayant appartenu à ces reptiles. M. Ph. Matheron a aussi signalé dans le Var de gigantesques dinosauriens[2].

Au nombre des monstres terrestres qui existaient alors, nous venons de citer les iguanodons, sauriens géants et très répandus. D'une taille de dix à vingt mètres de longueur, ces animaux avaient des pieds de derrière énormes et une large queue; celle-ci leur servait de point d'appui alors qu'avec leurs membres supérieurs, beaucoup plus courts, il embrassaient les troncs des arbres dont ils recherchaient les fruits. Ils fréquentaient généralement les marécages[3].

A côté des dinosauriens vivaient les ptérodactyles. C'étaient des animaux plus extraordinaires encore. Ils se rapprochaient des oiseaux par la forme de leur tête et la longueur de leur cou, de la chauve-souris par la structure et la proportion de leurs ailes, enfin des reptiles par la petitesse du crâne et par un bec armé d'au moins soixante dents pointues. Le ptérodactyle était un animal d'assez petit volume; les plus grands exemplaires ne dépassaient

1. DE LAPPARENT, ouvr. cité,   '19.
2. Recue des Deux Mondes, 15 avril 1896, p. 307.
3. F. PRIEM, ouvr. cité, p. 303.

pas la taille du cygne ; beaucoup n'étaient pas plus gros que des moineaux ou des grives. Essentiellement grimpeur, cet animal devait s'élever, à la manière d'un lézard, au haut des arbres ou des rochers et s'abattre de là sur le sol ou sur les branches inférieures, en déployant son parachute naturel [1]. M. Owen a dit, en parlant du crâne du ptérodactyle : « Aucun crâne de vertébré n'est construit avec plus d'économie de matériaux, avec un arrangement et une connexion d'os plus complètement adaptés pour combiner la légèreté avec la force. »

Il existait aussi sur le sol plusieurs espèces d'insectes qui servaient, pour la plupart, de nourriture aux ptérodactyles. Leurs formes ressemblaient aux formes actuelles. Leurs débris semblent annoncer des sauterelles, des mouches et de nombreux coléoptères.

Mais le trait le plus saillant et le plus caractéristique de la période secondaire est certainement l'apparition sur le globe d'animaux appartenant à la classe des mammifères. Mammifères de l'ordre des marsupiaux, c'est-à-dire les plus imparfaits de la classe. Les sarigues et les kangurous sont les représentants actuels de ce groupe.

Ces premiers mammifères paraissent avoir été très faibles et en petit nombre. Il ne se trouvait avec eux aucun grand animal.

Presque en même temps se montrèrent quelques oiseaux, parmi lesquels l'archæopteryx; ils étaient très rares, ressemblaient pour la plupart à de grands échassiers et appartenaient au genre denté. Certains autres étaient voisins des mouettes [2] et des pigeons.

Nous avons indiqué l'aspect de la Provence à la fin de

1. A. GAUDRY, ouvr. cité, époque secondaire, p. 115.
2. F. PRIEM, ouvr. cité, p. 316.

l'époque secondaire, et nous venons de signaler les animaux qui peuplaient les mers et les continents. Nous devons ajouter que quelques lacs d'eau douce et certaines rivières coupaient déjà l'intérieur des terres émergées. Dans ces lacs et sur leurs rives vivaient d'abondantes tortues ressemblant aux tortues actuelles; des crocodiles rampaient dans les mêmes parages.

III

Par suite des soulèvements toujours continus de l'écorce terrestre, la mer s'était lentement retirée des grands golfes qu'elle avait occupés jusque-là en Provence.

En se retirant, elle laissait libres de grandes dépressions s'étendant au pied de chaque massif montagneux. Grâce aux fleuves et aux rivières qui sillonnaient les continents, des masses d'eau douce envahirent ces dépressions et occupèrent même certaines parties du sol, émergées depuis une longue suite de siècles. Des lacs, en nombre multiple et souvent très étendus, se formèrent. La Provence en fut parsemée : elle a mérité alors le nom de région des lacs.

« Ces cuvettes lacustres aux rives sinueuses et parfois escarpées, les hautes montagnes dont elles reflétaient les cimes, tout faisait alors de la Provence une région comparable, par ses traits principaux, à la Suisse ou à la haute Italie d'aujourd'hui[1]. »

C'est ainsi que débute, dans le midi de la France, la période désignée sous le nom d'époque tertiaire.

Dans les Alpes-Maritimes, l'important bras de mer qui, au cours de la période précédente, montait, par la vallée du Var, jusque dans les Basses-Alpes, diminuait mainte-

1. G. DE SAPORTA, *Revue des Deux Mondes*, 15 avril 1886, p. 822.

nant progressivement d'étendue et se limitait enfin au bassin de Nice. La Tinée et la Vésubie existaient et alimentaient déjà le fleuve du Var qui se jetait, par des cascades, dans ce bassin de Nice, au centre duquel le mont Boron formait un écueil.

Un bassin isolé existait autour de l'Escarène; on en voit les traces auprès du col de Braus[1]. Dans les environs de Vence, divers lacs aussi s'étaient formés.

Dans le département du Var, le golfe marin qui, par le territoire des Lecques et de Saint-Cyr, montait jusqu'aux hauteurs de la Sainte-Baume, avait presque disparu; mais les lacs étaient importants dans les environs de la Cadière et du Beausset. Le Plan d'Aups était un vaste bassin. D'autre part, les eaux douces, amenées par le Verdon, s'avançaient jusqu'à Barjols, Aups, Salernes et Fox-Amphoux[2].

Dans le département des Basses-Alpes, la Durance était coupée par plusieurs digues ou chaussées qui transformaient le cours de cette rivière en divers lacs, placés les uns au-dessous des autres, et ne communiquant que par des cascades. Le plus considérable de ces lacs fut sans doute celui qui empiétait sur le territoire du département de Vaucluse et qui, s'étendant d'Apt à Peyruis, de Bonnieux à Manosque et de la Tour d'Aigues au delà de Forcalquier, se trouvait encadré au nord par les contreforts du Ventoux et de Lure, à l'est par le cours actuel de la Durance, au sud-ouest par le Luberon. Ce lac, qu'on est convenu d'appeler lac de Manosque, mesurait du sud-ouest au nord-est, entre Bonnieux et Peyruis, plus de soixante kilomètres[3].

Ce lac immense pénétrait quelque peu dans le nord du département du Var, vers les territoires d'Aiguines, de

1. DE LAPPARENT, ouvr. cité, p. 1250.
2. Prodrome d'hist. nat. du dép. du Var, p. 6 à 9.
3. G. DE SAPORTA, Revue des Deux Mondes, 15 avril 1886, p. 813.

Bauduen, de Montmeyan et de Vinon. Nous avons vu qu'il pénétrait aussi dans le Vaucluse jusque vers Apt. Dans ce dernier département, les étendues d'eaux douces étaient de même très importantes. La Durance et le Rhône répandaient leurs eaux sur presque toute la surface vauclusienne aujourd'hui existante. En outre du lac de Manosque, citons, parmi les lac alors formés, celui de Vaucluse, dans la localité de ce nom, celui de la vallée du Sault, au pied du Ventoux, et celui de Pertuis. Avignon était immergé. Enfin des traces des eaux de l'époque existent encore à l'Isle, dans la vallée de la Sorgue, à Saint-Saturnin-lès-Apt, à Malaucène [1], à Piolenc, à Cucuron.

Le département des Bouches-du-Rhône est celui où la formation tertiaire se montre d'une façon plus évidente que partout ailleurs. Tout le sud-ouest fut couvert d'eaux douces par le Rhône. Au centre de ce bassin, la chaîne des Alpines seule apparaissait [2]. La vallée entière de Marseille à Aubagne était occupée par un lac. Cette vaste nappe se terminait, vers le nord-est, par une baie étroite et profonde dans laquelle se déversaient les eaux d'un autre lac, plus petit, existant à Saint-Zacharie et formé par les eaux de l'Huveaune.

Le bassin de Marseille avait plusieurs centaines de mètres de profondeur; il occupait, en outre du territoire actuel, une partie de l'étendue aujourd'hui recouverte par la mer; les traces de terrain d'eau douce ont été observées en effet sur les îles de la rade, ce qui indique que ces îles étaient alors situées sur le bord du bassin d'eau douce [3]. La mer baignait seulement Carry, Sausset et la Couronne.

1. S. GRAS, *Descrip. géolog. du dép. de Vaucluse*, p. 327.
2. DE LAPPARENT, ouvr. cité, p. 1280 et 1327.
3. MATHERON, *Essai sur la constit. géognost. du dép. des B.-du-Rh.*, p. 131. — *Congrès de l'Association française pour l'avancement des sciences*, Marseille, 1891, p. 184.

Si les eaux de l'Huveaune formèrent les lacs de Saint-Zacharie et de Marseille, les eaux de l'Arc et de la Touloubre formèrent un lac beaucoup plus considérable, celui d'Aix, qu'on a surnommé lac Sextien. D'abord resserrées entre les chaînes de la Nerthe, de l'Étoile et de l'Olympe au sud-est et celles de Sainte-Victoire et d'Éguilles au nord et à l'ouest, les eaux du lac Sextien contournèrent bientôt ces dernières limites et montèrent jusqu'à la Durance, à travers les territoires d'Éguilles, de Saint-Cannat, de Puy-Ricard, de Venelles, de Puy-Sainte-Réparade, de Jouques et de Peyrolles. Quelques îlots, comme ceux d'Éguilles et de la Trévaresse, restèrent seuls émergés.

Les eaux du lac Sextien eurent donc, vers le nord, des communications avec les bassins contemporains de Vaucluse et des Basses-Alpes [1]. Vers l'est, elles pénétrèrent dans le département du Var et s'avancèrent jusqu'à Saint-Maximin et jusqu'à Brignoles [2]. Elles donnèrent même naissance à divers petits lacs comme ceux de Nans et de Rians [3].

D'ailleurs, il faut admettre que ce grand lac Sextien était aussi en communication avec celui de Marseille et peut-être même avec le lac qui existait au Beausset et à la Cadière. En effet, le bassin de l'Arc devait communiquer avec celui de Marseille, puisqu'on peut, aujourd'hui, par Gréasque et Valdonne, passer de l'un à l'autre de ces bassins sans cesser de fouler aux pieds le sol tertiaire [4]. Les communications entre le bassin de Marseille et le lac du Beausset furent, d'autre part, établies, sans doute, par le haut de la vallée de Saint-Pons [5] et le lac de Cuges. Il

1. COLLOT, *Description géologique des environs d'Aix-en-Provence*, p. 106.
2. *Annales des sciences naturelles*, t. XVIII, 1829, p. 291.
3. L. ROULE, *Annales des sciences géolog.*, t. XVIII, 1885, p. 3.
4. DE VILLENEUVE-FLAYOSC, ouvr. cité, p. 209.
5. MATHERON, ouvr. cité, p. 60.

ressortirait de ces données qu'au lieu de divers lacs, il n'existait qu'une vaste cuvette lacustre s'étendant depuis le Luberon jusqu'à la mer, dans les parages de Toulon [1]. Mais cette nappe d'eau ne s'étalait pas cependant uniformément sur toute cette partie de la Provence; les massifs montagneux que nous avons signalés déjà continuaient à être émergés et formaient, dans cet immense bassin, des îles ou des presqu'îles.

Les eaux des lacs de l'époque tertiaire étaient profondes et fort calmes. De nombreuses plantes marécageuses poussaient dans leur sein et sur leurs bords; les restes accumulés de ces végétaux, déposés au fond des eaux, ont donné naissance aux lignites que l'on rencontre dans le bassin de Fuveau, près d'Aix; au Plan d'Aups, dans le Var; à Forcalquier et à Volx, dans les Basses-Alpes; à la Débruge, près de Gargas, dans le département de Vaucluse. Les lignites sont une houille imparfaite; cette houille ne ressemble pas entièrement à celle des terrains de transition, mais uniquement parce qu'elle est de date plus récente et qu'ainsi elle n'a eu à subir ni l'action de la chaleur du globe, ni la pression de nombreuses couches de terre superposées [2].

Si les débris des végétaux, en s'accumulant au fond des lacs, formèrent les lignites, les eaux courantes qui se jetaient dans ces lacs entraînaient avec elles des débris de rochers; ces débris, peu à peu dissous, donnaient naissance, en se déposant, à la formation marneuse qu'on trouve dans le bassin de Marseille et dans celui d'Aix et qui est connue sous le nom de terrain à gypse.

Cette période a dû avoir une très longue durée, car l'épaisseur totale des couches qui se sont alors formées

1. *Bull. de la S. géol. de France*, t. XIX, 1890-91, p. 76.
2. L. FIGUIER, ouvr. cité, p. 321.

est d'environ 80 mètres. « Or, a écrit M. de Saporta [1], lorsque, dans certains dépôts, des feuillets schisteux, aussi minces que les pages d'un livre, accusent l'ancienne présence d'eaux calmes et pures, et présentent des insectes ou des plantes intercalés entre ces feuillets, trahissant même, par leur juxtaposition, une saison déterminée, comment ne pas se dire qu'à peine deux ou trois d'entre eux ont pu se former chaque année, à l'aide d'un limon subtil, consolidé par voie chimique; et lorsque c'est par centaines que chaque lit compte de pareils feuillets, et que ces lits se répètent par centaines aussi de la base au sommet d'une seule assise, comment ne pas admettre d'énormes durées, comment ne pas multiplier les siècles? »

Au cours de cette longue période, pendant l'existence de ces grands lacs couvrant la Provence, des phénomènes remarquables se manifestèrent dans nos contrées. L'activité interne, endormie pendant de longs siècles, se réveilla. Des sources thermales ferrugineuses et sulfureuses se firent jour à travers les parois ou sur les rivages des lacs tertiaires, et très probablement produisirent la bauxite, qui date de cette époque [2], et qu'on trouve à Allauch et aux Baux, dans les Bouches-du-Rhône, à Cabasse et au Thoronet, dans le Var, et dans différentes autres localités de la Provence.

En même temps, les anciennes fentes de l'écorce terrestre se rouvrirent et de nouvelles crevasses prirent naissance; des éruptions basaltiques eurent lieu, soit sur les bords des lacs, soit au centre même des eaux, comme à Beaulieu, dans la chaîne de la Trévaresse, où le volcan créa un îlot de basalte. Des autres cratères, qui existèrent alors en Provence, plusieurs sont parfaitement connus. Citons ceux de Tourves, d'Évenos, du Broussan,

1. *Revue des Deux Mondes*, 15 avril 1886, p. 808.
2. *Comptes rendus de l'Acad. des sciences*, 1er semest. 1887, p. 385.

du Revest, de la Verne dans la chaîne des Maures; de
Grane dans la vallée du Reyran, près de Fréjus; du mont
Faucon près de Cogolin; de Rougiers, d'Ollioules, de
Saint-Tropez, de Bandol, du cap Nègre à la pointe orien-
tale du golfe de Sanary, tous dans le Var; ceux de la Tête-
de-Chien près la Turbie, du Biot, d'Antibes et de Saint-
Raphaël, dans les Alpes-Maritimes.

Les trachytes et les basaltes que vomissaient ces cratères sortaient dans un état fluide et se répandaient en
grandes nappes, dont on retrouve les restes autour des
localités signalées.

Les nouvelles convulsions, que venait de subir l'écorce
terrestre, amenèrent encore de considérables changements
dans le relief du sol. Des affaissements multipliés se produisirent, et la mer, qui avait été éloignée du sol de la
Provence pendant toute la période précédente, fit inva-
sion dans la plupart des bassins lacustres existants et s'introduisit dans les lits des rivières, dont elle remonta le
cours. Mais cette révolution ne fut pas instantanée, ni
même subite; elle s'opéra plutôt graduellement. De plus,
toutes les dépressions lacustres ne subirent pas cet en-
vahissement marin. Certaines furent alors mises à sec et
d'autres restèrent le domaine des eaux douces, — celles
de Marseille, par exemple; au contraire, la mer sub-
mergea des espaces auparavant terre ferme.

La marche envahissante de la mer se produisit, en Provence, de l'ouest à l'est. La Méditerranée s'étendit comme
une vaste Adriatique dans l'actuelle vallée du Rhône,
poussant des fiords littoraux successifs. Elle inonda d'abord
la Crau et en sillonna la surface, au nord jusque vers les
Alpines, à l'est jusqu'aux collines de Salon et d'Istres.
Elle remonta ensuite par la vallée du Rhône, s'avançant
à droite et à gauche par de larges échancrures, s'élevant
jusque dans la Drôme et même au delà. Une grande partie

du département de Vaucluse fut envahie. La mer était à Avignon, à Orange, à Carpentras, à Courthezon, à Bonnieux, à Gordes.

Mais c'est surtout dans la vallée de la Durance que les irruptions de la mer produisent des effets remarquables. La Méditerranée remonta en premier lieu la rivière jusqu'au passage de Lamanon, puis jusqu'au défilé de Mirabeau, s'étendant à gauche, dans le département de Vaucluse, jusqu'au Luberon et même jusqu'aux environs d'Apt; à droite, dans les Bouches-du-Rhône, laissant des traces de sa venue à Saint-Rémy, Orgon, Sénas, Eyguières, Salon, Lambesc, Rognes, Cabanes, Meyrargues, Peyrolles et Jouques. Forçant le défilé de Mirabeau, la mer envahit les Basses-Alpes et remonta encore le lit de la Durance jusqu'au delà de Peyruis, vers Sisteron, où elle se trouva définitivement arrêtée par la montagne de Lure. Elle donna naissance alors à un bassin intérieur, nommé depuis mer de Digne, dont Moustiers et Digne marquèrent les limites orientales, Riez le bord méridional, Manosque et Peyruis la terminaison ouest.

Du côté de Riez, cette mer allongeait ses bras étroits et sinueux vers le département du Var, dans la direction de Salernes d'une part et de Rians de l'autre[1]. Après Rians, il existait même une sorte de golfe qui semble avoir contourné un îlot compris entre Saint-Maximin, Cotignac et Brignoles.

En même temps qu'elle atteignait le département des Basses-Alpes, la mer de l'époque, surnommée mer mollassique, pénétrait dans l'étang de Berre et dans les vallées de la Touloubre et de l'Arc[2]. Le terrain de l'ancien lac Sextien fut partout recouvert par les eaux salées. La mer baigna le pied de la chaîne d'Éguilles jusqu'à Lançon et à

1. G. DE SAPORTA, *Revue des Deux Mondes*, 15 avril 1886, p. 824.
2. COLLOT, ouvr. cité, p. 179.

Pélissane, d'où elle communiqua avec les eaux qui couvraient la Crau et la vallée de la Durance.

Des bords de l'étang de Berre et des environs de Marseille, où son passage est marqué à Martigues, Saint-Pierre, la Couronne et Carry, on ne retrouve plus la mollasse marine, en allant de l'ouest à l'est, qu'à partir de Fréjus[1]; là il existe un petit bassin tertiaire marin, suite de golfe, aujourd'hui entouré d'un côté par les collines qui forment le cap de Saint-Raphaël, et de l'autre par celles que parcourt la grande route de Fréjus à l'Esterel[2].

Enfin la mer tertiaire finit par envahir le bassin du Var, comme elle avait envahi celui du Rhône. Après avoir atteint à l'est jusqu'aux faubourgs de Nice, elle pénétra à l'ouest dans les lits de la Siagne, de la Cagne et du Loup, marquant son passage à Antibes, à Villeneuve, à Biot, à Vence. Elle s'avança ensuite, plus au nord, dans la vallée du Var et monta jusqu'à une grande distance. Non seulement, en effet, la mer dépassa Roquesteron, mais elle pénétra, par la Vésubie, jusqu'à Saint-Martin-Lantosque et, par la Tinée, jusqu'à Saint-Sauveur. On en retrouve des traces entre Claus, Marie et Valdeblore[3].

Les grès coquilliers ou molasse, que la mer a déposés pendant son séjour sur les territoires que nous avons désignés, sont remarquables. C'est à ces formations que l'on doit les pierres de taille, plus ou moins tendres, qui décorent les façades de nos maisons et qui ont servi à bâtir nos monuments publics[4]. Elles sont particulièrement exploitées à Aix, à Rognes, à Arles, à Fontvieille, à Calissane, à la Couronne. Les sables de la Valdue, de Mirabeau et de Cucuron appartiennent aussi à cette formation.

1. D'Archiac, *Paléontologie de la France*, p. 439.
2. Pareto, *Notice sur un lambeau de terrain tertiaire*.
3. Risso, ouvr. cité, t. I, p. 25 à 28.
4. Matheron, ouvr. cité, p. 114.

Les Alpes n'avaient pas eu jusqu'alors une réelle importance. Leur soulèvement amena, dans la région provençale surtout, un bouleversement nouveau. Le sol prit un grand relief et, de ce fait, tendit peu à peu à restreindre la Méditerranée dans ses limites actuelles. Cette retraite de la mer se fit lentement et pas à pas. Au lieu d'un bassin puissant et continu, elle ne présenta plus en Provence qu'une série de lagunes salées, peu profondes et irrégulières[1]. La Camargue nous donne aujourd'hui une idée de ce que furent alors nos régions méridionales.

La mer n'avait point cependant les limites qu'elle a actuellement. Elle atteignait encore le département de Vaucluse, par une sorte de vaste golfe qui couvrait Orange puis s'élargissait au sud d'Avignon, s'enfonçait dans la vallée de la Durance au moins jusqu'à Saint-Christophe et venait aboutir aux Martigues, où son littoral se confondait avec le littoral qui existe de nos jours.

Dans ce golfe marin s'élevaient de nombreux îlots comme ceux d'Uchaux, des Angles, de Barbentane, d'Orgon et des Alpines[2].

Au fur et à mesure que la mer se retirait de tout le reste de la Provence, les eaux douces reprenaient leur ancien domaine. D'énormes courants, rendus plus rapides par l'exhaussement du relief du sol, sillonnèrent la contrée.

Les eaux, descendues des Alpes, suivirent à peu près le cours actuel de la Durance. Mais, arrêtées par le défilé de Mirabeau, ces eaux formèrent, en amont de ce point, un grand lac allant de Digne à Riez, des Mées à Moustiers. Son étendue doit être évaluée à 1,100 kilomètres carrés[3].

Les eaux de la Durance s'échappaient de ce lac par une cascade, formaient un second lac au sud du Luberon, puis, tandis que par une branche la rivière allait se jeter dans

1. G. DE SAPORTA, *le Monde des plantes*, p. 253.
2. *Bulletin de la S. géol. de France*, t. XI, 1882-1883, p. 193.
3. S. GRAS, *Description géol. du dép. de Vaucluse*, p. 219.

le Rhône comme l'indiquent les phénomènes fluvio-
lacustres des Baux, par une autre branche elle se jetait,
aux environs d'Eyguières[1], dans le golfe marin que nous
avons signalé.

Ces eaux déposaient, sur les bords des bassins où elles
étaient enfermées, un limon appelé par les géologues
terrain lacustre supérieur. C'est ce terrain qui constitue,
dans les Basses-Alpes, un vaste plateau profondément
raviné où se trouvent Valensole et Riez. Dans les Bouches-
du-Rhône, ce terrain occupe, çà et là, des étendues généralement restreintes. On en trouve des traces à Saint-Paul-
lès-Durance, Peyrolles, Meyrargues, Lambesc, Éguilles.

L'étang de Berre, plus grand alors qu'il ne l'est aujour-
d'hui, recevait les eaux de la vallée de l'Arc ; les traces de
ces eaux douces se répandaient au loin, car le terrain
lacustre supérieur se montre aux Martigues. La vallée de
l'Arc était fermée à Roquefavour par une sorte de barrage.
Cette vallée faisait suite à l'ancien lac Sextien devenu un
étang dont les eaux se dessalaient lentement.

Le bassin très considérable qui avait couvert, dès le
début de la période tertiaire, le territoire de Marseille et
la vallée de l'Huveaune depuis les contreforts de la Sainte-
Baume jusqu'à la mer, ce bassin, n'ayant point été envahi
par les eaux salées, au cours des précédentes transformations, était resté tel qu'il était autrefois. Il se composait
d'une série de lacs étagés depuis Saint-Zacharie jusqu'à Marseille : il mesurait au total de vingt à trente kilomètres de
longueur sur une largeur minimum de six à huit kilomètres.

Au sommet de la vallée, un petit lac s'étendait entre
Saint-Zacharie et Auriol. Les eaux qui l'alimentaient se
déversaient à l'ouest, par un étroit canal à courant très

1. *Bull. S. géol. de France*, t. XII, 1883-1884, p. 473 et 515. *Association française pour l'avancement des sciences*, Montpellier, 1879, p. 660.

rapide, dans un plus grand lac qui allait de Roquevaire et Gemenos, de Saint-Jean-de-Garguier et la vallée de Saint-Pons jusqu'à Aubagne. Le monticule sur lequel est bâtie cette dernière ville barrait aux eaux le passage[1] et les obligeait à descendre enfin par une cascade dans le lac de Marseille.

Les eaux du lac de Marseille, après avoir baigné, vers le nord, les pentes de Garlaban et, vers le sud, celles de la Gardiole et de Carpiagne, s'étendaient vers les Camoins, Allauch, le Plan de Cuques, la Bourdonnière, Château-Gombert, Sainte-Marthe, Saint-Antoine, la Viste, Saint-André, Saint-Henri, l'Estaque, d'un côté ; vers Saint-Marcel, Saint-Loup, Sainte-Marguerite, Mazargues et la colline de Notre-Dame-de-la-Garde, de l'autre. Au centre de ce grand lac continuait à exister l'île formée par le massif triasique de Saint-Julien.

Un courant assez violent traversait le lac que nous venons de signaler et allait se jeter dans la mer en formant un vaste estuaire vers Carry, dans l'espace compris entre les îles Pomègue et Ratonneau et la côte de Méjean[2].

Les eaux du bassin de l'Huveaune et du lac de Marseille déposèrent alors des limons argileux, qui s'accumulèrent dans les dépressions marécageuses voisines du cours d'eau principal : argiles rouges de Saint-Jean-de-Garguier et de Saint-Henri ; argiles jaunes qui couvrent une grande partie de la ville de Marseille[3].

A son tour, la rivière du Gapeau formait une succession de lacs dans la vallée de Signes et de Belgentier, puis elle en formait un dernier très vaste qui s'étendait entre Sollies-Pont, Toulon et Hyères.

1. SAUREL, ouvr. cité, t. II, p. 268.
2. MARION, ouvr. cité, t. I, p. 7 et 9. — GOERBET, *Bulletin de la Société belge de géologie*, t. IV, 1890, p. 82 et 84.
3. DEPÉRET, *Notes stratigraphiques sur le bassin tertiaire de Marseille*, p. 18.

Des traces de terrains lacustres supérieurs se montrent encore à Fréjus, ainsi qu'à Biot et dans la vallée du Loup[1]; en outre, le primitif fleuve du Var a, lui aussi, laissé de nombreuses traces. En se jetant dans le golfe de Nice, il formait un vaste delta qu'on reconnaît encore aux argiles qui le composaient.

Enfin, tout à fait au sud-est de la Provence actuelle, la mer couvrait le territoire sur lequel est bâti Menton[2] et qui était alors un golfe; un ruisseau, que le Careï nous rappelle, venait jeter ses eaux dans ce golfe.

A la fin de la période que nous avons désignée, avec les géologues, sous le nom de tertiaire, la Provence est à peu près telle que nous la voyons aujourd'hui. C'est ce qui ressort évidemment des études qui précèdent.

La végétation a, comme tout le reste, progressé. Au début, grâce à une température qui était de 22° en moyenne et par suite des hivers nuls ou presque nuls[3], les palmiers parents des chamœrops de la Chine et du Japon furent très nombreux. On en a trouvé à Castellane, dans les Basses-Alpes. Au milieu d'eux croissait le Sabal major qui, aujourd'hui, de Toulon à Nice, fait l'ornement des plus riches villas[4].

Les eaux des lagunes étaient cachées par des rideaux pressés de végétaux à demi submergés. Tous les lacs étaient couverts de nénuphars et de roseaux. Sur leurs bords se montraient aussi des fougères, des conifères, des champignons et des mousses.

Dans les lits charbonneux de Trets, on a trouvé d'innombrables empreintes d'un lotus analogue à celui qui peuple les lagunes des fleuves chinois. On y a remarqué aussi des

1. *Prodome d'hist. nat. du dép. du Var*, p. 6 et 9.
2. NIEPCE, *Terrains tertiaires des Alpes-Maritimes*, p. 16.
3. DE LAPPARENT, ouvr. cité, p. 1211.
4. G. DE SAPORTA, *le Monde des plantes*, p. 259.

bambous et des joncs. La plupart des empreintes indiquaient des plantes actuellement exotiques, dont les habitudes sont celles des végétaux qui recherchent les terrains humides et marécageux[1].

Mais l'atmosphère se purifie et le caractère tropical de la nature tend à s'effacer. L'humidité devient plus grande. Les plantes à feuilles larges et caduques se multiplient. La flore se rapproche et quelquefois s'identifie presque avec celles de nos jours.

Des mimosas, des araucarias, des liquidambars, des magnolias apparaissent, puis des figuiers, des saules, des lauriers, des jujubiers, des accacias, des platanes, des peupliers, des pins, ancêtres de ceux qui garnissent aujourd'hui toutes nos cimes rocheuses. Enfin arrivent les espèces des régions boréales, des érables, des châtaigniers, des mélèzes, des noyers, des ormes, des bouleaux, des ifs, des cyprès, des thuyas.

La végétation était donc riche et variée; néanmoins presque tous les arbres étaient d'un port grêle, de taille médiocre, avec des feuilles petites, étroites, coriaces[2].

Au-dessous de ces arbres, des mousses formaient une humble mais élégante et vivace végétation. Toutefois ces mousses n'étaient abondantes nulle part; elles croissaient ça et là en touffes épaisses sans couvrir le sol ni le tapisser[3].

Les légumineuses ont eu aussi à cette époque de nombreux représentants.

En un mot, à la fin de la période tertiaire, les plantes qui couvrent la Provence sont analogues aux plantes actuelles des régions tempérées de l'Europe[4].

1. DE VILLENEUVE, *Statistique du département des Bouches-du-Rhône*, t. I, p. 339, 349 à 354.

2. G. DE SAPORTA, *Discours de réception à l'Académie d'Aix*, p. 16 à 20.

3. *Annales des sciences naturelles, Botanique*, t. VII, 1888, p. 3.

4. D'ORBIGNY, *Dictionnaire*, article « Végétaux fossiles ».

Les transformations alors subies par le monde végétal le furent de même par le monde animal.

Au début de la période tertiaire, et au milieu des plantes marécageuses des lagunes, nageaient des tortues et se blottissaient des reptiles. Les tortues étaient géantes, telles celles trouvées au Luberon[1]; quant aux reptiles c'étaient des crocodiliens et des chéloniens, précurseurs des espèces qui vivent dans nos régions tropicales. On en a retrouvé de nombreux restes dans les lignites de Coudoux, de Fuveau et de la Fare[2].

Dans les eaux des lacs vivaient des poissons en grand nombre, tels que le brochet et la carpe, et des grenouilles énormes.

Les mers possédaient des squales gigantesques : les dents du *Charcharodon megalodon* atteignaient 13 centimètres de haut[3]. Mais ces poissons géants, qui étaient accompagnés de phoques, de cétacés, de cachalots, de baleines, de dauphins, disparurent peu à peu. Il resta seulement dans nos mers les poissons que l'on pêche encore sur notre littoral tels que petits rougets, muges, sardines[4], etc.

Les mers tertiaires possédaient aussi des huîtres de grande taille qui occupent encore de nos jours, par exemple à Istres, la place où elles ont vécu; elles constituent des bancs de plusieurs mètres d'épaisseur et d'une étendue immense[5]. Les moules étaient en abondance extrême ; de même les crabes et les oursins.

A ce moment, les foraminifères sont à leur apogée[6]; polypiers et madrépores continuent à édifier des assises

---

1. *Comptes Rendus Acad. sciences*, 1er semestre 1890, p. 915.
2. MATHERON, ouvr. cité, p. 68.
3. *Revue des Deux Mondes*, 15 février 1896, p. 796.
4. DARLUC, *H. nat. de la Provence*, t. II, p. 49.
5. DE VILLENEUVE, Statistique citée, t. I, p. 357.
6. DE LAPPARENT, ouvr. cité, p. 1211, 1217.

calcaires. Les collines de Mont-Majour, de Cordes et du Castellet, dans le marais d'Arles, celles du Plan-d'Aren et notamment celles situées entre les étangs de la Valduc et de Rassuen, présentent à l'extérieur une croûte plus ou moins épaisse uniquement formée de polypiers.

Sur la terre, le monde animal s'est transformé dans les mêmes conditions. Aux animaux existant dans les périodes précédentes ont succédé les animaux ressemblant à ceux que nous connaissons.

Les oiseaux se montrent. Ils avaient apparu en fort petit nombre à la fin de la période secondaire, maintenant ils se développent et ils revêtent rapidement leurs types génériques définitifs. Ils sont nombreux aux bords des lacs tertiaires : pélicans, ibis, flamants, échasses, palmipèdes, canards, mouettes, grues, martins-pêcheurs auxquels se mêlent des rapaces, des gallinacés, des passereaux, des grimpeurs.

En même temps augmente le nombre des insectes; on en compte plus de cent espèces vivant à la surface et sur les bords des eaux : papillons, coléoptères, mouches, fourmis, sauterelles, abeilles, araignées, etc. [1].

Pour détruire tous ces insectes voici qu'arrivent en plus grand nombre aussi les chauve-souris, les hérissons, les taupes.

Mais ce qui caractérise surtout, d'une manière particulière, l'époque tertiaire, c'est le développement du règne des mammifères. Toutefois ce développement ne s'est pas produit subitement, et on a pu dire avec raison[2] que, pendant la plus grande partie des temps tertiaires, les mammifères ont été très différents des animaux actuels; ces êtres, dont le plus souvent la peau est délicate, nue ou couverte seulement de poils, n'ont eu leur complète physionomie

1. G. DE SAPORTA, Discours cité, p. 16 à 20.
2. GAUDRY, Mammifères tertiaires, p. 3.

que lors de l'extinction des énormes reptiles secondaires auxquels une peau coriace et quelquefois cuirassée donnait des avantages dans la lutte pour la vie.

Nous avions signalé, à la fin de la période secondaire, l'apparition du genre sarigue. Maintenant voici d'abord les pachydermes qui prennent, en se diversifiant, une prépondérance de plus en plus grande. Ce sont des rhinocéros, des tapirs, des hippopotames, des mastodontes, des éléphants. Ces derniers étaient immenses : plusieurs mesuraient une hauteur de 4ᵐ,35 de la plante des pieds au sommet de la tête; ils avaient 2ᵐ,37 de largeur et près de 7 mètres de longueur y compris les défenses[1]. Les restes de quelques-uns de ces animaux ont été trouvés dans les environs de Marseille. Ainsi le rhinocéros a été recueilli à Saint-Henri, l'éléphant aux Aygalades[2] et à la Viste. Plusieurs hippopotames ont été découverts près d'Apt, et le mastodonte, animal d'un genre voisin de l'éléphant, a été trouvé dans la vallée du Val, département du Var.

A la suite des pachydermes viennent les ruminants. Ils n'offrent encore, nous le répétons, qu'une structure et un régime ambigus. Ils sont comparables, mais de loin seulement, aux animaux que nous connaissons : bœufs, cerfs, chèvres, sangliers, antilopes, chamois, gazelles, girafes, élans, béliers. Les restes de ces animaux ont été découverts à Nice, à Cucuron, etc.

Le cheval parut ensuite: il était tout petit et ne dépassait pas la taille d'un âne; il avait une longue queue et des jambes grosses et courtes; on l'a appelé l'hipparion.

Ces divers herbivores paraissent avoir recherché les rameaux tendres et les bourgeons; ils étaient friands des racines. D'autres s'attaquaient aux cônes des pins, c'étaient les rongeurs : castors, écureuils[3], rats, lièvres, loirs,

---

1. *Revue des Deux Mondes*, 15 octobre 1881, p. 839.
2. SAUREL, ouvr. cité, t. I, p. 73 à 76, t. II. p. 20.
3. G. DE SAPORTA, Revue citée, 15 avril 1886, p. 819.

lapins, civettes, martres, loutres, marmottes, porcs-épics. Le porc-épic était un grand animal, une sorte de race géante de l'espèce que l'on rencontre encore actuellement au sud de l'Italie [1].

Les singes ne se montrent pas en Provence.

Les herbivores formèrent d'immenses troupeaux autour des lacs méditerranéens. « Assurément notre Provence est belle aujourd'hui, a écrit M. Gaudry [2], mais elle était belle aussi quand tous les animaux fossilisés dans le Léberon étaient en vie, alors que les versants des montagnes étaient animés par de nombreux troupeaux et que, pour nourrir tant de quadrupèdes, les vallées enfantaient une ample végétation. »

Tous les ruminants de cette époque devinrent rapides à la course, car ils devaient chercher leur salut dans la fuite. En effet, comme il fallait s'y attendre, l'évolution des animaux carnivores suivit de près celle des troupeaux herbivores.

Les hyènes, les renards, les loups, les ours apparurent. L'ours qui habitait la Provence était de petite espèce; le renard ne semble pas différer du renard actuel; la hyène était plus forte que celle que nous connaissons [3]. Il existait aussi des carnassiers du genre chien, des panthères, des fouines, des chats, des lynx, des tigres plus redoutables encore que ceux d'aujourd'hui, enfin des lions tels que ceux découverts à Cucuron et aussi dans une caverne près de Vence, dans les Alpes-Maritimes. Ces lions étaient robustes, trapus, bien membrés, assez courts sur jambes, au corps très allongé.

Tous les animaux, ayant appartenu aux populations

1. MARION, ouvr. cité, t. I, p. 10 à 22.
2. *Les animaux fossiles du Mont-Léberon*, p. 77.
3. BEUDANT, *Cours de géologie*, p. 218.

tertiaires, ont donc eu pour la plupart une grande analogie avec ceux du monde moderne, et beaucoup d'entre eux sont classés dans des genres actuellement existants.

Nous avons assisté aux débuts et aux perfectionnements continuels de l'organisation animale; peu à peu nous avons vu la terre se préparer à recevoir dignement l'être qui doit régner à sa surface. Maintenant Dieu va faire sortir de sa main créatrice son dernier ouvrage : l'homme.

LA PROVENCE
APRÈS LA CRÉATION DE L'HOMME

I

Si le premier homme a pu jeter les yeux sur notre pays provençal, il l'a vu, tout d'abord, à peu près tel qu'était ce pays à la fin de la période tertiaire. La mer, dessinant une échancrure demi-circulaire, formait un immense golfe et couvrait les vastes étendues connues aujourd'hui sous le nom de Camargue et de Crau.

Ce golfe commençait au pied du mamelon de l'os, près de l'étang de Berre, longeait les pentes ouest des collines d'Istres, de Saint-Chamas et de Salon, passait à l'est d'Orgon, où coule actuellement la Durance, envahissait tout le cours inférieur de cette rivière, contournait Avignon et baignait enfin les derniers escarpements de Nîmes, de Lunel et de Montpellier.

Le Rhône avait son embouchure un peu au-dessous d'Avignon ; quant à la Durance, elle n'était point alors un simple affluent, mais bien un véritable fleuve. Son bras le plus important débouchait dans le golfe par le pertuis de Lamanon, gorge étroite percée à l'extrémité orientale de la chaîne des Alpines, entre Eyguières et Salon, au pied de la montagne du Défends.

Quelques îles émergeaient de cette mer intérieure. La petite chaîne des Alpines, la montagne des Baux, les collines de Beaucaire, les rochers d'Arles, de Mont-Majour et de la Montagnette formaient autant de massifs isolés[1].

A Marseille, la chaîne de Carpiagne et de Marsiho-Veyre était rattachée à l'écueil de Planier par une ligne de rochers, maintenant sous-marins et connus de nos pêcheurs sous le nom de Mangespen. Certains de ces rochers élèvent encore leurs cimes plus ou moins près du niveau des eaux ; quelques-uns arrivent même à 13 mètres de la surface. Un autre promontoire se dessinait de la pointe d'Endoume aux îles de Ratonneau et de Pomègue, avec les saillies intermédiaires de l'îlot des Pendus et des rochers du Canoubier et du Château d'If[2].

D'ailleurs le littoral de la Provence présentait à cette époque des limites beaucoup plus nettes et beaucoup plus heurtées que celles qu'il a de nos jours ; presque partout les flots venaient se briser contre les falaises abruptes de la période géologique précédente[3]. Au lieu de nos golfes sinueux, il n'existait alors que des fjords dont la côte des environs de Marseille rappelle le souvenir avec ses dentelures, ses anfractuosités, ses criques et ses calanques.

Grâce à ces fjords et à ces criques, la mer s'avançait assez profondément dans l'intérieur des terres. Ainsi faisait-elle vers la Ciotat et Saint-Cyr, entre Toulon, Hyères et Solliès-Pont, à Fréjus, à Nice, à Menton[4]. La rivière la Siagne, par exemple, débouchait, non dans le golfe de la Napoule comme elle le fait aujourd'hui, mais en une gorge enfoncée en plein dans le pays. Les extrémités de cette gorge, semblables à deux môles puissants, étaient le contrefort de l'Esterel à l'ouest, et le rocher de Cannes à l'est.

En face du large fjord, au fond duquel coulait le Gapeau

1. Ch. LENTHÉRIC, Le Rhône, t. I, p. 26.
2. MARION, Annales du Musée d'histoire naturelle de Marseille, t. I, Mémoire I, p. 7 à 9.
3. Ch. LENTHÉRIC, Les Villes mortes du golfe de Lyon, p. 10.
4. A. FALSAN, La Période glaciaire, p. 120.

primitif, les rochers du Fenouillet, de Carqueiranne et de
Costebelle, ainsi que ceux de Sepet et de Giens, étaient de
tous côtés environnés par les eaux et faisaient partie du
même archipel que les îles d'Hyères[1].

Enfin un immense lac d'eau douce, créé par la Durance
et divisé en une succession de bassins, s'étendait de Digne
à Riez et des Mées à Moustiers. Des lacs plus petits, dont
des digues ou barrages naturels retenaient les eaux de
place en place, et de nombreux ruisseaux divisaient le
reste du sol provençal.

La faune et la flore qui couvraient ce sol étaient celles
qui pouvaient s'accommoder d'une température moyenne
et tempérée. Parmi les animaux, il faut citer l'éléphant, le
rhinocéros, l'hippopotame, le lion, l'ours, l'hyène, le bœuf,
le cerf à bois gigantesques, le sanglier, le chevreuil, le
chien, le cheval petit et trapu, ancêtre de celui de la Camargue[2]. Parmi les plantes et les arbres, le pin, le noise-
tier, le figuier, le laurier, l'aubépine, le pommier, le chêne,
le lierre, le fusain, la vigne, l'érable, le saule, l'ormeau, le
frêne, le tilleul, le micocoulier, le peuplier, l'arbre de Judée[3].

M. G. de Saporta et, après ce savant, M. A.-F. Marion
ont été amenés, par des considérations géologiques, à
comparer la température de la Provence à cette époque
à la température actuelle des îles Canaries[4]; c'est-à-dire
climat humide, brises fraîches, ciel presque toujours
couvert de nuages, surtout pendant le jour, brumes et
bruines en été, orages et fortes pluies en hiver.

Mais un phénomène nouveau se produisit : les débuts
de la période connue sous le nom de quaternaire furent
marqués par de puissantes modifications atmosphériques,

1. CH. LENTHÉRIC, *La Provence maritime*, p. 225 et 379.
2. *Revue scientifique*, 15 avril 1876, p. 366.
3. G. DE SAPORTA, *Aperçu sur la flore de l'époque quaternaire*, p. 11.
4. P. CASTANIER, *Hist. de la Prov. dans l'antiquité*, t. I, p. 12.

et surtout par une très grande humidité. Or les pluies
abondantes de nos régions méridionales prirent dans
les montagnes, principalement dans les Alpes, la forme
neigeuse, et tombèrent en masses énormes et fréquentes.
Aussi formèrent-elles bientôt, sur les hauteurs, des
champs de névé, puis de grands glaciers.

Ces glaciers, en vertu de leur propre force d'expansion,
descendirent ensuite des sommets des Alpes et envahirent les vallées. Leur marche en avant ne fut assurément
pas très prompte ; elle dut, au contraire, se faire d'une
manière lente et progressive, selon les lois qui régissent
les oscillations des glaciers actuels. Néanmoins, bientôt
une température hibernale régna partout. Les parties
septentrionales et centrales de l'Europe, ces vastes contrées qui s'étendent de la Scandinavie à la Méditerranée
et au Danube, furent livrées à un froid rigoureux. Les
plaines, ornées naguère d'une végétation luxuriante, les
pâturages sans fin que remplissaient des troupeaux de
grands éléphants, d'agiles chevaux, de robustes hippopotames et de féroces carnassiers, se trouvèrent recouverts
d'un manteau de neige et de glace [1]. Ce long hiver est ce
qu'on a appelé la période glaciaire.

Quelle fut la cause qui altéra ainsi tous nos climats, ra-
lentissant ou modifiant presque partout le développement
de la vie végétale et animale? Il est impossible de ré-
pondre à cette question d'une façon absolument certaine ;
toutefois, en l'état actuel de la science [2], on peut dire
qu'il n'est pas besoin d'imaginer une très forte diminution
dans la température pour expliquer tous les phénomènes
de la période glaciaire. Il n'a pas même été nécessaire,
et on le démontre avec une exactitude presque mathé-
matique, que les froids de l'hiver devinssent plus rigoureux qu'ils n'étaient auparavant, mais il a suffi que la

---

1. L. Figuier, *La Terre avant le déluge*, p. 301.
2. A. Falsan, ouvr. cité, p. 194.

température générale s'abaissât seulement d'un très petit nombre de degrés, pendant quelques siècles, pour transformer en champs de glace des plaines et des vallées autrefois recouvertes d'une riche végétation.

En effet, pour que les glaciers puissent prendre un grand développement, cela est aujourd'hui prouvé, ce n'est pas tant le froid qui est nécessaire qu'une certaine humidité, d'abondantes chutes de neige sur les hauteurs et, avant tout, l'absence d'une température élevée. Ces conditions, à l'époque glaciaire, devaient exister en Europe comme elles se rencontrent encore de nos jours dans la Nouvelle-Zélande ; là, les glaciers descendent jusqu'à la mer, dans un pays humide, tempéré, entre des collines couvertes de palmiers et de fougères arborescentes[1].

La Provence subit, mais en partie seulement, les modifications atmosphériques de cette période. Ainsi, tout en admettant que les chaînes du Ventoux et de Lure aient pu porter des neiges permanentes, il est peu probable qu'elles aient eu des glaciers[2]. Toutefois, dans la vallée du Rhône, les glaciers étaient nombreux et importants ; non seulement ils absorbaient et recouvraient tout le cours supérieur et même moyen du fleuve, mais encore les vallées de ses affluents alpins. La haute Durance était, de ce fait, un immense glacier qui se soudait à ceux du Rhône par-dessus les cols des Alpes ; on retrouve les traces du séjour prolongé d'une mer de glace jusqu'à Château-Arnoux, à 16 kilomètres en aval de Sisteron, presque à la limite des plaines ensoleillées de la Provence[3].

Au total, on peut évaluer à près de 150 000 kilomètres carrés la surface que couvraient, dans les Alpes, les

1. *Revue scientifique*, 15 avril 1876, p. 363.
2. KILLIAN, *Annales des sciences géologiques*, t. XX, 1888, p. 169.
3. CH. LENTHÉRIC, *Le Rhône*, t. I, p. 39 et 42.

neiges et les glaces au moment de leur plus grande extension. En certains points, l'épaisseur de ces neiges et de ces glaces devait atteindre 1 600 et même 1 700 mètres[1].

« Je n'ai rien vu, a écrit M. Chambrun de Rosemond[2], qui m'ait indiqué la présence des grands glaciers dans nos vallées méridionales. Dans les Alpes-Maritimes, ces glaciers n'ont point dépassé la haute Vésubie et la haute Tinée. »

M. Desor, au contraire, a constaté que les glaciers quaternaires s'étendaient sur presque tout le département des Alpes-Maritimes. Ils sont arrivés sans doute, selon lui, jusqu'au confluent de la Tinée et du Var d'une part, et de l'autre jusqu'au Levens, à l'embouchure de la Vésubie[3]. D'après M. le docteur Niepce, il existerait même des traces glaciaires sur les flancs du mont Chauve, à quelques kilomètres de Nice[4]. Cela n'est pas improbable : d'importants travaux ont démontré, en effet, que les glaces s'étaient avancées, en Italie, assez près de la mer et à une très faible altitude; on peut donc croire, sans rien exagérer, que les anciens glaciers n'ont pas dû être étrangers au versant occidental des Alpes maritimes du moment que leurs traces se retrouvent si abondantes sur le revers italien.

Ce qui est bien certain c'est que si, dans notre pays provençal, d'assez vastes régions ont échappé aux phénomènes glaciaires et n'étaient recouvertes de neige que pendant l'hiver, néanmoins le refroidissement général s'y faisait sentir comme partout ailleurs. Les eaux des sources et des rivières, par exemple, devinrent glaciales; de plus, sauf quelques arbres privilégiés, la végétation fut en immense partie détruite. Aussi les éléphants, les rhinocéros, les hippopotames, accoutumés à rechercher les

1. DE LAPPARENT, *Traité de géologie*, p. 1375.
2. *Annales de la Société des sciences, lettres et arts des Alpes-Maritimes*, t. II, 1873, p. 39.
3. *Compte-rendu de l'Académie des sciences*, 1er semestre, 1879, p. 761.
4. A. FALSAN, ouvr. cité, p. 308.

menues branches, les herbes tendres et les jeunes pousses ;
habitués d'autre part à se plonger, en toute saison, souvent
et longuement dans l'eau, furent refoulés par les neiges
et disparurent. Il ne demeura, dans le sud-est de la
France, que les animaux et les plantes qui pouvaient sup-
porter une température variable, mais généralement froide.

Les montagnes se couvrirent de sapins ; dans les vallées
les frênes, les chênes, les bouleaux, les trembles et les
aunes formèrent seuls de sombres forêts. Les essences
méridionales qui purent échapper aux rigueurs du climat,
et notamment la vigne, se cantonnèrent en d'étroites limites, dans les expositions les plus chaudes de notre littoral.

Les forêts que nous signalions tantôt, servaient de re-
traites aux loups et aux ours ; tels les ours des cavernes,
mammifères des régions froides et dont les dépouilles ont
été trouvées à Marseille, dans l'île du Frioul, et à Vence
dans les Alpes-Maritimes[1]. Le glouton, actuellement con-
finé dans les régions boréales, existait alors dans notre
Midi. Le renne hantait les lieux élevés, les plateaux et les
abords des glaciers ; de même l'aurochs, qu'on ne rencontre plus aujourd'hui que dans le Caucase et dans certaines
forêts de la Lithuanie. Les rongeurs fourmillaient partout
et la marmotte faisait entendre son sifflement strident et
répété, pendant que la chouette remplissait la forêt de son
cri plaintif et prolongé[2].

Le ciel gris et terne, l'air froid et chargé d'humidité, le
soleil se montrant rarement sous ce rude climat, tel devait être l'aspect de la Provence à l'époque glaciaire, alors
que notre race était encore à son aurore.

Mais les froids lentement prirent fin et les glaciers se
retirèrent par étapes dans les cirques supérieurs où nous

1. *Annales de la Société des sc., let. et arts des A.-marit.*, t. VIII,
1882, p. 250.
2. *Revue scientifique*, 15 avril 1876, p. 369.

les voyons maintenant captifs. En se retirant, ils laissaient
dans les vallées de gigantesques accumulations de pierres,
de roches, de cailloux arrachés par la pluie, la neige, la
chaleur, la gelée, le dégel aux sommets environnants, puis
alignés en longs bourrelets sur la surface des glaciers,
charriés enfin par eux pendant des milliers d'années et
connus sous le nom de moraines.

Un climat plus doux succéda au climat glaciaire. Aussitôt, par suite de la fonte des neiges et des glaces, la
débâcle des eaux commença ; elle fut considérable. Un flot
immense fut lancé à la surface des terres : il ravagea
tout sur son passage, ravinant profondément le sol,
dispersant les moraines, entraînant et poussant devant lui
les débris de toutes sortes qu'il emportait dans sa course
désordonnée.

Les plus terribles inondations ne peuvent faire conce-
voir une idée, même amoindrie, de la puissance de ce
cataclysme, véritable avalanche d'eau, de boue, de rochers,
qui se renouvela plusieurs fois et qui engloutit et détruisit
tout sur son passage. On a donné le nom scientifique de
diluvium au terrain remué et bouleversé par le rapide
passage de l'impétueux courant, et l'on désigne sous le
nom vulgaire de déluge le phénomène en lui-même.

Le Rhône, la Durance et leurs affluents, grâce à leurs
eaux torrentielles, entraînèrent les détritus des glaciers,
rochers et cailloux, depuis les hauteurs des Alpes jusqu'au
fond du golfe marin que nous avons signalé et qui fut
ainsi en immense partie comblé. Le grand espace trian-
gulaire compris entre l'embouchure actuelle de la Durance,
au sud d'Avignon, le port de Cette et la petite ville de Fos
est, en effet, formé d'une vaste nappe de cailloux roulés.
Cette nappe de cailloux, dont l'épaisseur varie de dix à
quinze mètres, occupe une superficie de plus de trente-
cinq mille hectares [1] et a une légère inclinaison vers la

1. CH LENTHÉRIC, *Les Villes mortes du golfe de Lyon*, p. 312.

mer. Elle s'étend non seulement au-dessous de la Camargue, dont elle forme ce que les géologues appellent le *substratum*, mais même bien avant sous les eaux.

Ainsi naquirent les dernières terres de la Provence que nous connaissons; elles apparurent sous la forme de ces craus dont le type primitif persiste dans la crau d'Arles[1].

Le Rhône fut le principal agent de formation de cette grande Crau. Jusqu'à cette époque, son cours, trouvant fermé le défilé de Roquemaure, passait dans la plaine d'Orange, débouchait vers Sorgues et arrivait ainsi près d'Avignon. Là, une nouvelle barrière, celle qui rattachait les assises de Villeneuve-lès-Avignon au rocher des Doms[2], forçait le fleuve à couler à l'est de la ville, où toute la plaine en aval s'ouvrait devant lui et le conduisait vers la mer.

Mais les dislocations du sol qui se produisirent et, d'autre part, les amoncellements nombreux des graviers entraînés par les eaux, obligèrent le Rhône à quitter son ancien lit et à se jeter dans la vallée actuelle. Alors son diluvium, après avoir couvert une partie du département de Vaucluse, pénétra dans le golfe marin, entre Beaucaire et Tarascon, comblant l'immense espace, inondant la région de ses quartzites blancs et rosés. Élisée Reclus pense que la Crau porte à sa surface des galets entraînés, dans la proportion de six septièmes, par le courant du Rhône. Le reste est dû à la Durance qui, par sa branche de Lamanon, a contribué aussi à cette formation. Mais cette rivière, dont les eaux s'élevèrent pendant cette période à quarante ou cinquante mètres au-dessus du niveau actuel[3], a surtout produit, par ses branches secondaires, des craus distinctes de celle d'Arles; par exemple les craus de Mollèges, de Saint-Remy, de Lagoy, d'Ey-

1. S. GRAS, *Statist. minéral. du départ. des Basses-Alpes*, p. 197.
2. *Congrès archéologique de France*, 1876, Arles, p. 60, 61.
3. A. FALSAN, ouvr. cité, p. 232.

rargues, de Graveson, de Châteaurenard, de Sénas[1]. En même temps, elle abandonnait les détritus des moraines de ses anciens glaciers, dans la plaine située entre la Brillane et Château-Arnoux, plaine actuellement traversée par la grande route de Sisteron à Manosque.

De même que la vallée de la Durance, les vallées de la Nesque, de l'Ouvèze, de l'Auzon, du Lez, de l'Aigues, de la Sorgue dans le département de Vaucluse; celles de l'Ubaye, du Verdon, de la Bléonne, de l'Asse, du Buech dans les Basses-Alpes; celles de la Bévéra, de la Vésubie, de la Tinée, de la Roya dans les Alpes-Maritimes, furent encombrées de blocs épars, arrachés aux sommets voisins par une force bien supérieure à celle des torrents actuels. Quand on parcourt ces vallées, ce sont partout des barrages rompus, des traces d'anciens lacs mis à sec, des bassins dénudés[2], témoins irrécusables des grandes catastrophes subies par la Provence aux âges passés.

Si les pluies s'étaient transformées, dans les régions montagneuses, en abondantes chutes de neige donnant naissance aux glaciers, dans le voisinage du littoral, elles avaient créé d'impétueux torrents. Une pluie d'orage de quelques heures n'est rien; la même durant vingt-quatre heures est épouvantable; si elle durait un ou deux mois qui peut comprendre ce qu'elle serait?

C'est ainsi que la petite rivière de l'Arc, démesurément grossie, finit par jouer un rôle identique à celui de la Durance et du Rhône; elle inonda les campagnes de Berre, comme on en juge par la quantité de pierres, de cailloux roulés dont elles sont couvertes en quelques endroits et qui leur ont fait donner le nom de *petite Crau* ou Crau de l'Arc[3].

1. H. Coquand, *Bull. de la S. géol. de Fr.*, t. XXVI, 1869.
2. S. Gras, ouvr. cité, p. 198, 199.
3. *Bull. S. géolog. de France*, t. X, 1881-82, p. 333.

L'Huveaune subit une telle crue que tout le bassin de Marseille fut transformé. En principe, le courant, divisé en deux branches par l'île triasique de Saint-Julien, portait une partie de ses eaux dans la plaine de Marseille et au Prado, comme le fait le fleuve actuel. Mais là, par suite d'une barrière qui reliait le massif de Marsiho-Veyre à la colline de Notre-Dame-de-la-Garde, cette partie du courant était rejetée vers l'autre branche du fleuve. Cette dernière, aujourd'hui représentée par le ruisseau de Jarret, recouvrait la vallée de la Valentine et de la Rose, puis la banlieue nord, pour se diriger ainsi vers la mer.

La crue diluvienne fut telle que le fleuve, appuyé dans son mouvement par quelques affaissements de terrain[1], brisa, par sa branche sud, la barrière qui unissait la colline de Notre-Dame-de-la-Garde à Marsiho-Veyre, tandis que sa branche nord, s'ouvrant un nouveau passage, descendit vers le vieux port de Marseille, faisant du massif de Notre-Dame-de-la-Garde comme une sorte d'île fluviale[2].

C'est à cette crue, et à celles non moins violentes qui la suivirent à cette époque, qu'il faut attribuer les sables et les cailloux roulés qui s'étendent de Saint-Zacharie à Aubagne et d'Aubagne à Marseille. Dans ce dernier territoire, la nappe alluviale de l'Huveaune s'élargit notablement en aval de Saint-Loup et s'étend sur la rive gauche du courant, au pied des montagnes de Carpiagne et de Marsiho-Veyre, dans toute la plaine de Sainte-Marguerite, de Mazargues et de Montredon. Cette nappe alluviale se compose d'un cailloutis rougeâtre, s'élevant progressivement et atteignant enfin une quarantaine de mètres au-dessus du lit actuel de l'Huveaune.

Les alluvions anciennes de la partie du courant représentée par le Jarret, s'étendent dans la banlieue

1. MARION, ouvr. cité, t. I, p. 8.
2. DEPÉRET, *Notes stratigraphiques sur le bassin de Marseille*, p. 19.

nord. On les retrouve en maints endroits. Ils atteignent particulièrement une grande épaisseur à l'est de la Bourdonnière[1].

A l'époque où, aux environs de Marseille, se produisaient les transformations précitées, les ruisseaux de Saint-Côme et de Saint-Cyr, qui parcouraient le territoire environnant le golfe des Lecques, transportaient leurs galets roulés jusque vers la Ciotat. Le Gapeau amenait des résultats analogues. Les lacs étagés de la vallée de Belgentier furent emportés par le courant, et les débris de leurs anciennes cuvettes couvrent la plaine de Solliès-Pont à Hyères. L'Argens débouchait dans un golfe étroit, véritable défilé qui s'enfonçait de plus de quinze kilomètres dans l'intérieur des terres, et qui fut en grande partie atterri par les apports du fleuve[2].

Le Var, à son tour, débitait au moins plus de cent fois l'eau qu'il débite actuellement[3]. Grossi par plusieurs affluents à allures torrentielles, il envoyait à la mer ses déjections avec une telle force que les cailloux roulés y formaient de véritables deltas, comme ils eussent pu le faire en débouchant dans l'eau tranquille d'un lac[4]. Le golfe primitif, dans lequel se déversait le fleuve, fut ainsi comblé par le diluvium. Le grand amas de cailloux commence près de l'embouchure de la Vésubie, et s'étend d'un côté jusqu'au château de Nice et de l'autre jusqu'au delà de Vence, jusqu'à la mer, près d'Antibes[5].

Les phénomènes diluviens furent brusques et courts; mais ils se renouvelèrent à plusieurs reprises, témoin les étages des vallées de la Durance, sortes de terrasses situées

1. FOURNIER, Esquisse géologique, p. 96.
2. LENTHÉRIC, Revue des Deux Mondes, 1er août 1879, p. 647.
3. CHAMBRUN DE ROSEMOND, ouvr. cité, p. 52.
4. DE LAPPARENT, ouvr. cité, p. 1365.
5. RISSO, H. nat. des princip. prod. de l'Europe mérid., t. I, p. 31, 32.

en amont de Sisteron et qui indiquent autant de lames successives[1].

Ces phénomènes, nous l'avons vu, furent causés principalement par la fonte des glaciers et par des pluies torrentielles. Mais des sources nombreuses vinrent aussi ajouter leur puissant débit à l'extrême abondance des eaux. Ces sources ont laissé des vestiges grandioses : ce sont les tufs qu'elles ont accumulés. En effet, les tufs ne se forment généralement ni dans les lacs, ni au fond des rivières un peu considérables, mais auprès des eaux limpides et jaillissantes, surtout de celles qui retombent en cascades. L'agitation, le frottement, la chute favorisent l'action de ces eaux en opérant la précipitation de la matière calcaire qu'elles contiennent, et les tufs ainsi produits constituent parfois de véritables montagnes ou de vastes plateaux[2]. Ils sont particulièrement remarquables à Meyrargues, aux Arcs, à Pernes, à Saint-Antonin, à Belgentier et dans toute la vallée de l'Huveaune.

Cette vallée est, en Provence, la plus riche en cette matière calcaire; quel que soit l'endroit qu'on creuse sur ses bords, on trouve le tuf[3]. Dans le seul territoire de Marseille, les sources qui environnaient le lit primitif de l'Huveaune versaient leurs eaux d'une part sur le plateau de Saint-Marcel, de la Valentine, de Saint-Julien, de Montolivet et de Saint-Barnabé; de l'autre, sur les hauteurs de Saint-Antoine et de la Viste. Les tufs déposés dans ces diverses localités sont excessivement puissants[4].

A la même époque il se produisait à Grasse, à Bargemont, à Vacqueyras et dans différentes localités de notre Midi des eaux minérales et thermales analogues à celles d'Aix, de Gréoulx et de Digne.

1. L. FIGUIER, ouv. cité, p. 388.
2. G. DE SAPORTA, *Le monde des plantes*, p. 113.
3. DE VILLENEUVE, *Stat. du dép. des B.-du-Rhône*, t. I, p. 82.
4. MARION, ouvr. cité, t. I, p. 9.

Au cours de la période diluvienne, les animaux, comme les hommes, fuyant devant la mort, abandonnèrent les plaines inondées pour atteindre les hauteurs. Mais beaucoup n'arrivèrent pas à leur but et se noyèrent; d'autres moururent de faim. Leurs cadavres flottèrent sur les eaux et allèrent au loin se perdre dans les vallées. En très grand nombre sans doute, ils furent enfouis au milieu des boues argileuses, et c'est là qu'on en retrouve parfois quelques-uns. On peut citer, comme exemple, le squelette humain découvert il y a peu d'années dans les alluvions quaternaires du quartier de Carabacel, à Nice[1]. En grand nombre aussi, ces cadavres s'entassèrent dans les fentes des rochers, dans les cavernes et dans les grottes que les torrents rencontraient sur leur passage et qui sont si fréquentes dans nos régions; ils s'y accumulèrent peu à peu avec les limons, les sables, les graviers que les eaux charriaient dans la rapidité de leur course.

Ces limons ossifères sont généralement disposés par couches successives; souvent ils forment une espèce de pâte très dure, entremêlée d'os plus ou moins brisés et cimentés avec elle : c'est alors une brèche osseuse. Les brèches de cette nature occupent presque toujours les parties les plus basses des cavernes[2]; on en a signalé plusieurs qui semblent former une ceinture autour de la Méditerranée, telles, en Provence, celles d'Antibes et de Nice, déjà signalées par Cuvier[3]; telles aussi celles des îles du Frioul et de Ratonneau, dans le golfe de Marseille, découvertes plus récemment[4].

Dans ces brèches comme dans ces cavernes, on a trouvé, avec quelques restes humains, des ossements d'éléphants, de rhinocéros, de lions, de félins, de bœufs, de cerfs, de

1. *Annales de la Société des Sciences, Lettres et Arts des Alpes-Maritimes*, t. VIII, 1882, p. 69.
2. JOLY, *L'Homme avant les métaux*, p. 19.
3. *Ossements fossiles*, 4e édition, t. VI, p. 360 et suiv.
4. MARION, ouv. cité, t. I, p. 10.

chèvres, de chevaux, de lapins, d'ours, d'hyènes, de loups, d'oiseaux, etc.[1]. Mais on ne peut pas sérieusement soutenir que tous ces ossements y ont été introduits par les eaux des débâcles glaciaires. Beaucoup, en effet, ont été amoncelés là par les animaux carnassiers qui avaient occupé ces antres avant les dernières révolutions géologiques; d'autres enfin y ont été transportés par les hommes de l'époque antédiluvienne.

Toutefois, ce qui caractérise d'une façon particulière les ossements entraînés dans les grottes par les torrents quaternaires, c'est qu'ils sont presque toujours mélangés de la manière la plus confuse; non seulement on les trouve situés sans aucun rapport de position avec la place qu'ils occupent dans le squelette, mais même sans aucun rapport avec les espèces qu'ils rappellent. On voit, rapprochés d'une portion osseuse d'ours ou de rhinocéros, des fragments ayant appartenu à des ruminants ou à des rongeurs.

Ces circonstances indiquent que les ossements ont été roulés avant d'être empâtés par les limons. L'état de ces débris osseux, leur dissémination, leur extrême confusion prouvent jusqu'à l'évidence qu'ils ont été charriés là où on les trouve ; ils ne peuvent, sous aucun rapport[2], être confondus avec les ossements introduits par les hommes dans les cavernes, ni être assimilés aux restes des animaux qui ont pu vivre et périr dans ces anciens repaires.

II

Cependant le calme se fit dans la nature : l'ère torrentielle cessa; les fleuves reprirent leur cours normal, creu-

1. RIVIÈRE. *Rapport sur la paléontologie des Alpes-Maritimes.*
2. *Annales des Sciences naturelles, Zoologie*, t. XIV, 1850, p. 93.

sant désormais leur lit au milieu des déjections de
l'époque diluvienne. Les eaux continuaient sans doute à
entraîner des terres et des graviers, mais en faible quantité comparativement à ce qu'elles entraînaient pendant
la période précédente. Néanmoins ces alluvions, par la
suite des siècles, créèrent de nouvelles plaines et formèrent les terrains que l'on distingue aujourd'hui sur les
bords des rivières et des fleuves, et qui sont représentés
par des couches épaisses de limon.

Ainsi ont été modelés et remaniés les dépôts antérieurs.
Les lacs morainiques se sont comblés, les vallées se sont
colmatées; une certaine végétation a progressivement
transformé le chaos de pierres, en bois et en prairies.

Sur la Crau, mer de cailloux roulés, le Rhône et la
Durance ont continué à couler pendant bien longtemps,
laissant sur leur passage de larges traînées de sables et
d'alluvions. Suivant une exacte expression, « ils erraient
dans la campagne ». Le sol présentait l'aspect d'une
immense inondation. Les bras des deux cours d'eau ser-
pentaient en tous sens, à travers le pays bas et marécageux, en amont et en aval d'Arles[1], créant partout des
passes incertaines, à chaque instant modifiées.

La Durance était telle que la dépeint Tite-Live : « Dès
sa descente des Alpes, elle présente l'obstacle le plus
difficile à franchir, tant à cause de sa rapidité que de
l'inconstance de son cours ; incapable de porter des em-
barcations, privée de berges, se divisant en plusieurs bras,
creusant incessamment de nouveaux gouffres ou formant
des gués imprévus, entraînant des rochers et de la terre,
n'offrant, par son instabilité même, aucune sécurité, et
précipitant parfois avec fracas ses eaux grossies par les
pluies. » Alors, devenues troubles, ces eaux entraînent
des troncs d'arbre, des ormes entiers, des quartiers de

---

1. *Congrès archéologique de France*, 1876, Arles, p. 73.

roche arrachés aux Alpes; leur rapidité torrentielle fait
entendre des clameurs semblables à des aboiements ; elles
changent leurs directions et n'épargnent ni les barques ni
les hommes [1].

À la hauteur de Mallemort, une digue, retenant les eaux
de la Durance, avait fait monter leur niveau et avait ainsi
produit, bien antérieurement à l'époque qui nous occupe,
la première dérivation de la rivière. Cette dérivation suivait, comme nous avons eu déjà l'occasion de le dire, la
vallée dans laquelle passe aujourd'hui le canal de Craponne et se dirigeait vers Lamanon et Salon. Arrivé à ce
dernier point, le bras de la Durance se divisait, envoyant
une partie de ses eaux vers le sud, se confondre avec la
Touloubre et se perdre dans l'étang de Berre, tandis que
l'autre, côtoyant la Crau au nord, gagnait le Rhône dans
les environs d'Arles.

Le barrage naturel de Mallemort ayant été miné et
détruit par l'effort des eaux, le déversement de la Durance
dans la vallée de Salon, par le pertuis de Lamanon, a
diminué d'importance, puis a cessé.

Une seconde digue arrêtait alors les eaux de la rivière
à la hauteur d'Orgon; en conséquence, une dérivation nouvelle, se dirigeant vers Arles, coulait dans la vallée de
Saint-Remy et creusait d'avance le lit où passe maintenant le canal des Alpines.

Une troisième dérivation de la Durance existait certainement avant notre ère : la roubine des Lônes et le canal
du Vigueirat dessinent approximativement son cours[2].
Peu à peu elle devint de beaucoup la plus importante, grâce
au vaste passage qu'elle s'était ouvert, entre Rognonas et
Châteaurenard, et qui la conduisait, à travers le territoire de Graveson et de Maillane, et en doublant le promon-

1. SILIUS ITALICUS, III, 468, 476.
2. ÉLISÉE RECLUS, *La France*, p. 230.

toire ouest des Alpines, jusqu'à Laurade, où elle rejoignait la dérivation d'Orgon.

Baignant de leurs eaux réunies le pied de Saint-Gabriel, ces branches de la rivière entouraient les trois îlots, aujourd'hui collines, de Mont-Majour, de Cordes et du Castellet, et affluaient enfin vers le Rhône et la mer.

Il est certain que ces dérivations diverses de la Durance ne devaient laisser qu'un filet d'eau dans le chenal qui était ouvert au sud d'Avignon, et que suit à peu près le cours de la rivière actuelle : les quelques écrivains qui se sont occupés de cette question, sont tentés de voir dans ce chenal un bras très secondaire, et de placer entre Tarascon et Arles le confluent principal de la Durance avec le Rhône aux temps anciens. Il faut même admettre qu'une partie de cette rivière ou de ses dérivations, formant, avec la succession des marais et des étangs, un cours d'eau parallèle au Rhône, allait se jeter directement dans la mer, au fond du golfe de Fos.

Des îles de toutes dimensions et en nombre indéfini étaient échelonnées le long des cours sinueux du Rhône et de la Durance; elles donnaient à toute cette zone un relief et une variété d'aspects qu'on ne retrouve plus. Nous avons cité déjà les trois îlots de Mont-Majour, de Cordes et du Castellet; en face de Tarascon, une grande île, nommée Ugernia et occupant l'emplacement de Beaucaire, existait alors au milieu du cours du Rhône et divisait le fleuve en deux branches[1]. Barbentane était aussi une grande île, entourée de tous côtés par les eaux de la Durance. D'autre part, dans son *Histoire naturelle*, Pline[2] cite, aux embouchures du Rhône, deux îles qu'il

1. ALBIS. *Nouvelles recherches sur le tracé des Fosses Mariennes.* p. 36.

2. Livre III. c. XIV. 3.

nomme l'une Metina et l'autre Blascon. Ces îles étaient
alors séparées de la terre par un intervalle assez considérable ; sur la carte de Peutinger, elles semblent former
la Camargue naissante [1].

En effet, le Rhône, s'opposant à lui-même des obstacles
par l'immense quantité de débris que charriaient encore
ses eaux, formait aux approches de ses embouchures une
multitude de theys, au milieu desquels il coulait.

On sait que lorsqu'un fleuve débouche dans une mer sans
marée, telle la Méditerranée, les sédiments, tenus en sus-
pension dans l'eau courante, tombent au fond dès qu'ils
rencontrent la masse tranquille des eaux. Or, des observations très précises ont permis d'établir que le Rhône,
grossi de la Durance, entraîne annuellement près de vingt
millions de mètres cubes de limon et de matières minérales. Ces quantités immenses créent un dépôt sous-marin,
qui augmente tous les jours de volume et finit par émerger
au-dessus des eaux, en donnant ainsi naissance aux theys.
Ce sont des îles plates et marécageuses, couvertes çà et
là d'une assez pauvre végétation de plantes salines, à
l'aspect triste, aux fleurs indécises et incolores.

Le they apparaît en premier lieu à peine au-dessus des
basses eaux, et il est très souvent submergé, soit par le
Rhône soit par les coups de mer. Mais, dès qu'il a commencé à se former, il ne tarde pas à grandir : l'atterrisse-
ment s'élève bientôt jusqu'à la surface du fleuve ; les
tamaris, les soudes, les salicornes s'y fixent et se conso-
lident, les crues du Rhône le couvrent de nouvelles
couches de limon, et le they est alors constitué [2].

A un moment, divers de ces theys se réunissent, se
groupent : une île se crée ; deux branches du fleuve,
l'une courant au sud et l'autre au sud-ouest, la limitent ;
les dépôts amenés par le fleuve, distribués par ces deux

1. DESJARDINS, Table explicative de la carte de Peutinger. p. 2.
2. SURELL, Mémoire sur l'amélioration des embouchures du Rhône.

cours d'eau, anticipent graduellement sur le rivage marin, et l'on peut dire qu'à ce moment le delta est formé. Maintenant, de jour en jour, il va s'étendre.

Les plaines d'Arles et d'Aigues-Mortes, la grande île de la Camargue, qui n'a pas moins de soixante-treize mille hectares de superficie, n'ont pas d'autre origine et ne sont que l'agglomération de tous les theys nés depuis les débuts de notre dernière période géologique. Et aujourd'hui encore, nous voyons les embouchures du Rhône s'avancer chaque année de près de quarante mètres vers le large et augmenter par ce fait la superficie du delta.

Ainsi le fleuve ne détruit que pour reconstruire; il corrode le lit supérieur de sa vallée, ronge ses rives, sape des blocs de rochers sur les flancs des collines qu'il côtoie, les roule jusqu'à la mer et emploie ensuite tous les débris résultant de cette trituration, sur plusieurs centaines de kilomètres, à la formation de vastes atterrissements et de plaines d'alluvions qui empiètent sur le domaine maritime[1].

Mais c'est une chose digne de remarque que, partout où le rivage est bas, la mer, au lieu de le submerger, se crée elle-même des digues en élevant des dunes qui resserrent son lit. En effet, le fleuve, entraînant par son courant les limons et les graviers, forme une pente descendant vers la mer. C'est sur ce plan incliné, sur cette plage que les vagues viennent déferler après avoir soulevé une partie des sables du fond. A leur tour, ces sables, jetés à la plage par les coups de mer, donnent naissance à une sorte de bourrelet, à un monticule établi sur le rivage et que M. Élie de Beaumont a très justement appelé le cordon littoral; c'est une ligne de démarcation entre la mer et la terre, clôture essentiellement fragile, que les eaux tendent à chaque instant à modifier par de perpétuels apports.

1. Ch. Lenthéric. *Les villes mortes du golfe de Lyon*. p. 27.

Devant la marche progressive des atterrissements, cette ligne du rivage s'est peu à peu éloignée; ou du moins elle a été remplacée par une autre ligne d'abord sous-marine, puis s'élevant, émergeant au-dessus de l'eau, et bientôt constituant de nouveaux rivages. Grâce à ces cordons de dunes très nettement dessinés, tous parallèles au rivage, et marquant les anciennes limites de la côte, on peut suivre pas à pas la progression continue de la terre sur la mer.

Le premier cordon littoral commence dans le département de l'Hérault, traverse la Camargue au nord de l'étang de Valcarès et vient se souder à la montagne de Fos, dans le département des Bouches-du-Rhône. Quatre cordons se succèdent ainsi, alors qu'on marche vers la mer. Le quatrième, qui paraît récent, remonte néanmoins à des époques bien éloignées, car il était sinon complètement achevé, du moins en très grand progrès plusieurs siècles avant l'origine de notre ère.

Les theys, dont nous avons indiqué le mode de formation, en se groupant et en se réunissant, faisaient prisonniers des espaces couverts d'eau que les cordons du littoral séparaient définitivement de la mer. Et c'est ainsi que s'est peu à peu modifiée cette partie de notre frontière maritime qui comprend une interminable succession de marais, d'étangs, de dunes, de fondrières et de terres vagues imprégnées les unes d'eau douce, les autres d'eau salée[1].

C'est aux environs d'Arles que les étangs et les marais étaient en plus grand nombre; aussi les contemporains pouvaient-ils dire que cette ville était assise entre le Rhône et la mer[2]. Les eaux d'Arles portaient le nom de lac des Désuviates qu'elles ont conservé très longtemps; elles comprenaient deux immenses bassins : l'un situé entre la Durance et les Alpines, l'autre situé entre les Alpines et

1. LENTHÉRIC, *La Région du Bas-Rhône*, p. 20, 21.
2. GILLES, *Glanum-Saint-Remy*, p. 47.

la mer. On peut dire par conséquent que le lac des Désuviates s'étendait depuis la Durance jusqu'à la mer.

La superficie de toute cette région est évaluée à
cent vingt mille hectares, dont les eaux occupaient environ
la moitié[1]. On peut même ajouter à ces chiffres la superficie de l'étang de Berre qui faisait alors partie de cette
région des lacs. En effet, ses eaux ne communiquaient pas
alors avec la mer, les passes de Martigues et de Bouc étant
obstruées par des marais que l'homme a dû ensuite creuser et réunir à la Méditerranée.

L'immense et profonde nappe d'eau que nous venons
de signaler aux environs d'Arles constituait en fait une
immense lagune. Elle se trouvait largement alimentée du
côté du nord, non seulement par les pluies, les sources et
par les inondations du Rhône et de la Durance, mais encore par une dérivation permanente de cette rivière[2]. Vers
le sud, cette nappe d'eau venait aboutir à la mer au fond
du golfe de Fos, grâce à une coupure faite au cordon littoral. Cette coupure, nommée le grau de Galéjon, était le
vaste goulet d'écoulement de toutes les eaux de la lagune.

L'œuvre du Rhône n'a pas été exclusive à ce fleuve.
Tous les cours d'eau, grands et petits, ont produit, dans
des proportions plus ou moins considérables, des résultats analogues. Le régime de leurs bouches et la marche
de leurs apports sont soumis aux mêmes lois et se com-
portent de la même manière.

L'Huveaune forma, dans la partie sud du golfe de Marseille, un vaste delta, véritable petite Camargue[3], succession de marais et de lacs, dont on retrouve les éléments
constituants tout le long du rivage actuel, depuis le Prado
jusqu'à Montredon. Le Gapeau fit de même : grossi de
tous les cours d'eau qui descendent du Faron, du Coudon

1. De Villeneuve, ouvr. cité, t. I, p. 105.
2. Gilles, Le Pays d'Arles, p. 123.
3. Fournier, ouvr. cité, p. 99.

et des Maures, il limita la zone littorale de la rade d'Hyères.
Un premier cordon sablonneux a commencé à dessiner
la plage de ce nom et, par derrière, les étangs et les marais ont constitué une lagune assez semblable à toutes
celles du golfe du Lion.

L'Argens et le Reyran, par leurs alluvions séculaires,
produisirent le même résultat à Fréjus où se formèrent
une série d'étangs assez peu profonds qui communiquaient
avec la mer. Les atterrissements de la Siagne commencèrent à combler la gorge profonde où coulaient les eaux,
et qui devait devenir plus tard la plaine de Laval. Le Var
« très peu important l'été mais, au dire de Strabon, atteignant pendant l'hiver une largeur de sept stades » et,
avec lui, des rivières d'une moindre importance, la Brague,
le Loup, le Paillon, donnèrent naissance à une plaine
basse et marécageuse[1].

Si nous avons remarqué que, partout où le rivage est
bas, la mer, au lieu de le submerger, se crée elle-même
des obstacles, nous devons constater aussi que, dans les
rivages escarpés, irritée des difficultés qu'elle éprouve,
la mer heurte le roc avec violence, l'entame, l'ébranle et
provoque de grands et nombreux éboulements, au moyen
desquels elle excave et agrandit son bassin. Ainsi, à
mesure que la terre progresse aux embouchures naturelles des fleuves, l'action des flots déchire partout la
côte méditerranéenne.

C'est de cette façon qu'à Marseille le vaste estuaire qui,
au cours de la période géologique précédente, s'étendait
en avant de l'Estaque, presque jusqu'aux îles et jusqu'à
Méjean, fut dévoré par les efforts de la mer; c'est de la
même façon que l'îlot de Planier, puis que les promontoires
de Ratonneau et de Pomègue furent définitivement déta-

1. LENTHÉRIC. La Provence maritime. p. 226, 305, 313, 433, 435.

chés de la côte. Cette côte elle-même fut entamée insensiblement d'une façon considérable, et les preuves de la marche envahissante de la mer sont nombreuses partout. M. Chambrun de Rosemond[1] a particulièrement signalé, comme exemple, l'érosion de la plage de Nice.

Telles furent les modifications principales qui marquèrent en Provence la période quaternaire. Nous en avons signalé les phases les plus nettes et nous avons indiqué les transformations successives de notre littoral. Toutefois, on se tromperait étrangement si l'on pensait que ces détails ont une valeur géographique et historique scrupuleusement exacte. « Les atterrissements ont tellement changé l'aspect, la forme du littoral, la direction des bras du fleuve et le nombre même des embouchures, qu'il est à peu près impossible de se figurer exactement ce que pouvait être le delta du Rhône à l'époque romaine[2]. » Ces lignes de M. E. Desjardins, écrites pour un point spécial de notre région, doivent être, sans aucun doute, appliquées à la Provence tout entière.

Ce qui est plus certain, c'est que pendant toute la période que nous venons d'étudier, le climat du sud-est de la France s'était amélioré et adouci. Les pluies étaient toujours fréquentes, mais elles étaient beaucoup moins torrentielles qu'elles ne l'avaient été précédemment. Les animaux et les plantes des terres froides étaient remontés peu à peu vers le nord; par contre, les animaux et les plantes que l'abaissement de la température avait obligés à se réfugier dans les régions les plus chaudes du littoral, étaient revenus occuper la Provence. Les montagnes arides et presque dénudées qui forment aujourd'hui au Rhône, de Lyon à la mer, comme un double rempart, s'étaient couvertes d'un magnifique revêtement de forêts, que le temps fit séculaires.

1. *Étude sur la plage de Nice*, p. 13.
2. *Géographie de la Gaule romaine*, t. I, p. 211.

III

Nous venons d'indiquer l'état géographique de la
Provence dans les siècles qui suivirent la création de
l'homme; nous aurons à signaler quel était cet état au
commencement des temps modernes, et quels changements se sont produits depuis. Mais auparavant il nous
reste à faire connaître les transformations dues à la main
des hommes et subies, avant notre ère, par notre pays
méridional.

En effet, sur cet immense espace que nous avons vu
naître et grandir, sur cette terre que les animaux seuls
autrefois peuplaient, l'homme avait paru : il avait établi
des demeures, les avait placées les unes à côté des
autres, et ainsi il avait créé des villes.

Il y a deux mille ans, un nombre assez considérable de
cités plus ou moins florissantes existaient en Provence.
Elles étaient échelonnées soit le long du golfe du Lion et
du rivage de la Méditerranée, soit éparpillées dans l'intérieur de la région méridionale. Beaucoup ont disparu
comme Heracléa, Rhodanusia, Anatilia, sur les différents
bras du Rhône; Mastramela, Maritima Avaticorum, Cal-
caria, Dilis, Incarus, dans les environs de l'étang de Berre;
Immadra, Tauroentum, Portus OEmines, Pomponiana,
Alconis, Olbia, Athenopolis, Planasia, Lero, Portus Aga-
thonis, Olivula, Avisio Portus, sur la côte, depuis l'embouchure de l'Huveaune jusqu'en Italie. Nombreuses
étaient aussi celles qui existent encore et que nous connaissons aujourd'hui sous les noms de Marseille, Aix,
Arles, Saint-Remy, Pelissane, Ceyreste, Cassis, Aubagne,
Saint-Jean de Garguier, Barbentane, Orgon, le Vernègue,
Trets, Pertuis, Toulon, Seillans, Aups, Ampus, Saint-
Tropez, Fréjus, Cannes, Antibes, Nice, Villefranche, Mo-

naco, Vence, Sospel, Digne, Gréoulx, Puget-Théniers,
Castellane, Riez, Valensolles, Glandevez, Carpentras,
Orange, Apt, Vaison, Cavaillon, Cadenet, Avignon, Beau-
caire, Tarascon, Nimes.

Généralement de toutes ces cités, celles qui n'étaient
point situées sur les rives du fleuve ou sur les bords de
la mer ne pouvaient dignement porter alors le titre de
ville. C'étaient des habitats, des agglomérations plus ou
moins nombreuses, occupant presque toujours des lieux
escarpés. Quelques chemins avaient été tracés pour des-
servir ces cités et pour les mettre en communication les
unes avec les autres. Mais ces chemins n'étaient le plus
souvent qu'un sentier frayé, ou plutôt la réunion de plusieurs sentiers présentant une succession d'alignements.
D'ailleurs si personne n'en peut nier l'existence, ils n'ont
cependant laissé aucun vestige appréciable, quant à leur
origine et quant à leur époque[1].

Là, où des plaines unies, de longues vallées, permettaient de se transporter sans difficulté et sans encombre,
là, où s'abaissaient les chaines de montagnes, où s'of-
fraient des cols accessibles, des défilés praticables, s'éta-
blissait comme de soi-même un grand chemin. La con-
figuration topographique marquait ainsi à l'avance les
directions itinéraires, et l'on ne s'en écartait que dans un
cas d'absolue nécessité. Les voyages s'opéraient alors
presque toujours suivant certaines lignes; on longeait les
mêmes rivières, on côtoyait le même littoral, on gravissait
les mêmes pentes, on s'engageait dans les mêmes détours[2].

Cependant, en outre des divers chemins que l'usage
avait établis, une voie à proportions grandioses, la via
Heracléa, traversait la Provence. Tracée par les Phéni-
ciens plusieurs siècles avant notre ère, c'est la plus ancienne route que l'on puisse jalonner avec quelque certi-

1. DESJARDINS, *Géographie de la Gaule romaine*, t. IV, p. 160.
2. A. MAURY, *Revue des Deux Mondes*, 1er juillet 1866, p. 182.

tude dans le midi de la Gaule et dans la vallée du Rhône. On peut même affirmer, — bien que là non plus ces hypothèses, quoique très probables, ne soient appuyées sur aucun texte ni sur aucun document, — que cette route n'a été que la régularisation des anciens sentiers frayés par les Ibères, les Celtes et les Ligures, dont la présence dans les régions méridionales de la Gaule remonte au seuil même des temps historiques[1].

Partant du sud de l'Espagne, la via Heracléa traversait la presqu'île ibérique, franchissait les Pyrénées, côtoyait une partie de la Méditerranée gauloise et, après être montée jusqu'à Nimes, atteignait la vallée du Rhône dans les environs de Beaucaire. La traversée du fleuve s'effectuait à l'aide de bateaux ou même de simples radeaux; car il n'a jamais existé de pont ancien sur cette partie du cours d'eau[2]. La grande île nommée Ugernia, que nous avons signalée à cet endroit du Rhône, diminuait l'importance du courant en le divisant et rendait par suite le passage beaucoup plus facile[3].

Arrivée sur la rive gauche, la voie antique se subdivisait en trois branches : une montait vers le nord, en passant par Avignon et Orange; une seconde traversait Saint-Remy et Orgon, s'avançait vers la Durance, qu'elle franchissait sur un bac, atteignait Cavaillon, puis passait à Apt, à Reillanne, à Saint-Maime-Dauphin, et rencontrait de nouveau la Durance à Alaunium. De ce point, aujourd'hui connu sous le nom de chapelle de Notre-Dame-des-Anges, cette seconde branche remontait la rive droite de la rivière jusqu'à Sisteron[4], pour aller ensuite par Gap, Embrun et Briançon, franchir les Alpes au mont Genèvre[5].

1. LENTHÉRIC. La région du Bas-Rhône, p. 14.
2. LENTHÉRIC. Les Villes mortes du golfe de Lyon, p. 438.
3. AURÈS, ouvr. cité, p. 36.
4. ARNAUD, Bulletin de la Société académique du Var, 1868, carte.
5. DESJARDINS, Géographie de la Gaule romaine, t. I, p. 84, 86.

Une troisième branche enfin contournait la chaîne des
Alpines en passant au Paradou, à Aureille, à Lançon, et se
dirigeait vers Aix, puis vers Septèmes et Marseille. Après
cette station elle suivait d'abord le littoral, s'engageait
ensuite dans les défilés des Maures et de l'Esterel, se poursuivait vers Auribeau, Oppio, la vallée du Loup, Tourrettes,
Vence et Saint-Jean. Elle franchissait le Var, sans doute
au gué de Gattières[1], joignait Cimiez, traversait la vallée
de Laghet[2], au nord de Nice, et pénétrait enfin en Italie
par Sospel, Saorge, le col de Tende[3], Tortone et Vado.

Cette troisième branche de la via Heracléa paraît avoir
été la plus ancienne route suivie pour se rendre de la Gaule
en Italie. C'est cette antique voie qui, selon Aristote, Diodore
de Sicile, Silius Italicus, Dion Cassius, etc., fut tracée par
Hercule au travers des Alpes, que nul n'avait franchies avant
lui. « L'opinion des plus savants, a écrit Nicolas Bergier[4],
est que le chemin des Alpes maritimes est le premier de
tous ceux qui ont servi de passage de la Gaule en Italie.
Ce qu'ils conjecturent à cause que les lieux maritimes
ont été les premiers habités, joint qu'en cet endroit les
Alpes ne sont pas *si aspres ny fascheuses* à monter, comme
par le milieu de leurs rochers. » Ces dires sont con-
firmés aujourd'hui par des découvertes archéologiques
récentes qui ont démontré l'existence d'une ancienne
voie phénicienne, reliant toutes les cités établies sur le
littoral de la Celto-Ligurie[5]. On sait, en outre, que les
Grecs de Marseille et que tous les habitants des colonies
massaliotes firent à cette voie littorale de nombreux
redressements et qu'ils plantèrent, de huit stades en huit
stades, des bornes pour indiquer les distances parcourues.

1. Ed. BLANC, *Vence et la voie Julia-Augusta*, p. 9.
2. *Mémoires de la Société des antiquaires de France*, t. X, 1850, p. 133.
3. H. MARTIN, *Histoire de France*, t. I, p. 18.
4. *Histoire des grands chemins de l'Empire*, t. II, p. 9.
5. LENTHÉRIC, *La région du Bas-Rhône*, p. 11.

Les grandes routes, dont nous venons d'indiquer l'origine, étaient particulièrement destinées aux transactions commerciales, mais elles étaient considérées en même temps comme les voies militaires par excellence. Les Romains les suivirent quand ils pénétrèrent dans la Gaule. Toutefois ils s'aperçurent bientôt qu'elles n'étaient point suffisantes, et ils les réparèrent et les agrandirent, afin de faciliter le passage de leurs armées et le transport de leurs marchandises. Aussi a-t-on pu dire qu'il n'y avait jamais eu de viabilité générale, solide, durable, bien établie avant les Romains[1]. La via Heracléa prit alors, sur la rive droite du Rhône, le nom de voie Domitienne et, sur la rive gauche, le nom de voie Aurélienne.

La route phénicienne, nous l'avons vu, franchissait le Rhône à Beaucaire ; les Romains la conduisirent de Beaucaire jusqu'à Arles, et lui firent traverser le fleuve en face de cette dernière ville, et sur un pont en bois[2].

Après Arles, la route romaine, la via Aurelia, remontait jusqu'à Saint-Remy en contournant la chaîne des Alpines, puis rejoignait la voie phénicienne pour se diriger ensuite sur Aix. A partir de cette ville, la route nouvelle se séparait en deux branches : l'une descendait sur Marseille en passant par Luynes, la Malle, le Pin, Septèmes, les Aygalades, les Crottes et les collines de Saint-Lazare, itinéraire que suit en grande partie la voie actuelle ; l'autre branche, qui était la véritable voie Aurélienne, se poursuivait dans la direction de Fréjus, à travers notre département du Var, en contournant par le nord la chaîne des Maures et en passant par Tégulata, Turrim, Matavonium et Forum Voconii, dont diverses villes aujourd'hui se déclarent les filles. Cette route franchissait l'Argens sur un pont dont il demeure encore quelques vestiges et attei-

1. DESJARDINS, *Géog. de la Gaule romaine*, t. II, p. 149, t. IV, p. 165.
2. DESJARDINS, *Table explicat. de la carte de Peutinger*, p. 18.

gnait Fréjus en traversant le plan du Muy et en passant un peu à l'ouest du village du Puget [1].

Au sortir de Fréjus, la via Aurelia ne traversait pas l'Esterel contrairement au tracé de l'ancienne route phénicienne; la voie nouvelle suivait le bord de la mer, serpentait en corniche le long des falaises escarpées du cap Roux et d'Agay, longeait la plaine de Laval [2], passait au golfe Juan, puis à Antibes. Elle franchissait le Var en face de Saint-Laurent, au moyen d'un pont en charpente [3], traversait Cimiez et montait à la Turbie par le vallon de Laghet. Alors, au lieu de se diriger vers le col de Tende par Sospel et Saorge, elle trouvait un passage le long de la mer, contournait le cap Martin et atteignait ainsi Vintimille et Gênes.

L'ancienne voie phénicienne fut principalement abandonnée à cause de la difficulté de ses rampes, infiniment plus ardues que celles de la voie nouvelle. On ne l'utilisa plus que comme un *deverticulum*, c'est-à-dire un chemin de second ordre. Bientôt elle fut même peu à peu délaissée complètement, à tel point que les premiers itinéraires connus ne signalent point cette voie primitive, retrouvée seulement dans les années récentes, et connue aujourd'hui sous le nom de via Julia-Augusta.

Les Romains ne se contentèrent pas de modifier les routes anciennes: principalement dans des vues stratégiques, ils en créèrent de nouvelles. Ainsi construisirent-ils une voie reliant directement Arles à Marseille. Cette route abandonnait à Arles la voie antique, descendait vers Fos, contournait l'étang de Berre et, suivant à peu près le chemin actuel de Saint-Chamas, elle allait en droite ligne

1. *Almanach du département du Var*, 1825, p. 11.
2. RANOU, *Revue archéologique*, 1861, p. 117.
3. LENTHÉRIC, *La Provence maritime*, p. 33.

jusqu'à Calas[1], puis de là jusqu'à Septèmes et Marseille.

Pour les besoins militaires de Rome, plusieurs routes vinrent se greffer sur la voie Aurélienne. Une allait d'Aix à Riez; une autre se détachait à Forum Voconii et se dirigeait vers Toulon en passant par le Luc, Gonfaron et Cuers[2]; une troisième abandonnait la voie Aurélienne vers Tourves ou Rougiers, et conduisait à Marseille en passant par Auriol, Roquevaire, Saint-Jean-de-Garguier, Aubagne et Saint-Marcel, c'est-à-dire en longeant les bords de l'Huveaune dans la majeure partie de son parcours.

La plus importante de ces voies stratégiques nouvelles fut celle qui relia Forum Voconii à Riez, mettant ainsi les Alpes en communication avec Fréjus et la mer. Cette route suivait le cours du Verdon, se dirigeait vers Bauduen, franchissait la Nartuby, se continuait vers Draguignan, Trans et les Arcs, et arrivait à Forum Voconii après un parcours de soixante-quinze kilomètres.

Sans doute cette voie militaire ne s'arrêtait pas à Riez; il est très probable qu'elle se prolongeait jusqu'aux rives de la Durance, où elle rejoignait la route du mont Genèvre. Cette dernière route, bien qu'elle eût été frayée dès l'année 219 avant notre ère[3], était très difficilement parcourue, antérieurement à l'occupation romaine. Aussi le chef Cottius, maître de cette partie des Alpes et confiant dans l'impraticable âpreté de cette région, résista-t-il un des derniers à la puissance de Rome. Il se soumit cependant à Auguste et devint même l'ami du premier empereur. Comme gage de cette amitié, Cottius construisit, au milieu des Alpes qui ont gardé son nom, une route plus courte et d'un plus facile accès que celle qui déjà existait[4].

1. DE VILLENEUVE, ouvr. cité, t. II, p. 310.
2. GARCIN, *Dictionnaire de Provence*, t. I, p. 366.
3. DESJARDINS, *Géographie de la Gaule romaine*, t. IV, p. 167.
4. AMMIEN MARCELLIN, XV, x, 2.

La route nouvelle ne s'écartait cependant pas trop de
la voie antique. Elle partait d'Arles, passait à Saint-
Gabriel, suivait le versant septentrional de la chaîne des
Alpines, desservait Saint-Remy, se continuait sur le flanc
de la montagne et, avant d'arriver à Orgon, se détournait
vers Cavaillon, ville en face de laquelle elle traversait la
Durance [1]. Des bords de la rive droite de cette rivière, elle
se dirigeait vers Apt, puis vers Forcalquier, où elle pénétrait dans la région des Alpes. Après l'exécution des travaux ordonnés par Cottius, cette route fut incontestablement la plus fréquentée ; elle devint le grand chemin de
la Gaule en Italie.

En même temps qu'ils créaient des voies nouvelles, les
Romains, dès avant l'ère moderne, et suivant en cela
l'exemple que les Grecs leur avaient déjà donné en Provence, établissaient de distance en distance des bornes
milliaires. Celles de ces bornes qui furent plantées sous
le règne d'Auguste, et qui dataient des années 13 et 12,
ont été trouvées au Paradou, à Aureille, à Lançon ; d'autres
furent découvertes aux carrières de la Justice à la Turbie ;
d'autres encore à Monaco et à Vintimille. Souvenirs de la
via Aurelia, ces bornes milliaires montrent par leur
nombre [2] quelle part le premier empereur a prise à l'établissement de la viabilité dans la Provence et sur la
Corniche.

La fondation de quelques cités et l'établissement de
certaines voies de communication, n'avaient pas modifié
sensiblement l'aspect extérieur de la Provence. Entre
l'embouchure du Rhône et la mer, continuait à s'étendre
un vaste espace que se disputaient la terre et les eaux.
D'Arles à Fos régnait toujours, séparée de la mer par le

1. ROCHETIN, *Étude sur la viabilité romaine dans le département de
Vaucluse.*
2. DESJARDINS, *Géographie de la Gaule romaine*, t. IV, p. 167.

cordon littoral, une suite non interrompue de lacs et de marais. On a, d'autre part, fait remarquer qu'il n'y a pas de traces, sur la rive gauche du Rhône, d'une route ancienne, joignant Arles à Tarascon. C'est que les marais et les débordements du fleuve devaient rendre cette rive impraticable [1]. Enfin, c'est assurément à cette région que fait allusion Strabon quand il écrit : « La route de Nîmes, qui conduit de l'Ibérie en Italie, est assez belle en été, mais devient très mauvaise pendant l'hiver et le printemps, à cause des débordements des fleuves et de la boue qui en résulte. »

Les premiers travaux entrepris et qui modifièrent, par le fait de l'homme, l'aspect de la Provence, furent sans doute destinés à combattre ces débordements des eaux et à les utiliser au besoin. Ainsi furent établis des canaux reliant les divers étangs au Rhône et à la Durance; en même temps des chaussées étaient élevées pour resserrer les lits de ces cours d'eau et pour enrichir la contrée de champs fertiles.

Divers aqueducs furent construits, tel celui dans lequel on jeta les eaux de la Traconade; prises sur le territoire de Jouques, ces eaux furent conduites à Aix, en passant par Meyrargues, où on voit encore les traces des constructions souterraines [2].

Enfin une voie navigable fut aussi créée, reliant la Durance à la ville de Cavaillon. Cette voie navigable existe encore; toutefois ce n'est plus aujourd'hui qu'un fossé d'arrosage et de dégorgement appelé la Grande Roubine [3].

Mais parmi les travaux exécutés en Provence, au cours de la période que nous étudions, il n'en est pas de plus considérable, ni de plus curieux assurément que celui

1. DESJARDINS, *Table explicative de la carte de Peutinger*, p. 18.
2. GARCIN, ouvr. cité, t. II, p. 15. — BOUCHE, *Histoire de Provence*, t. I, p. 121.
3. DE VILLENEUVE, ouvr. cité, t. I, p. 18.

auquel se livra le général romain Marius, chargé de pro-
téger l'Italie contre la marche envahissante des peuples
barbares.

Marius, campé sur les hauteurs des Alpines, pouvait
difficilement pourvoir à l'alimentation de ses soldats. Si
les plaines qui l'environnaient étaient riches en fourrage,
par contre les armes, les munitions, les vêtements, les
blés ne pouvaient venir que de Rome et principalement
par mer. Les flottes, chargées de tout ce qui était nécessaire à l'armée, devaient, par conséquent, pour atteindre
le camp romain, remonter le Rhône jusqu'aux environs
d'Arles. « Mais, a écrit Plutarque[1], les embouchures du
fleuve recevaient une vase abondante; elles étaient obstruées par une boue profonde, et l'entrée en était difficile,
laborieuse et insuffisante pour les vaisseaux qui venaient
de la mer. » L'historien grec continue ainsi son récit :
« Marius fit creuser par son armée un large canal, dans
lequel il détourna une partie du fleuve du Rhône et qu'il
conduisit à un point du rivage sûr et commode. Le canal
était assez profond pour porter de grands vaisseaux, et son
embouchure dans la mer était calme et à l'abri du choc
des vagues. »

La lecture de Plutarque et l'ignorance à peu près complète dans laquelle on était de l'état de la région provençale avant notre ère, laissèrent croire longtemps que
Marius avait fait creuser, à travers le sud de la Crau,
un large canal dans lequel il avait ensuite jeté une partie
des eaux du Rhône. Il n'en était rien. Les Fosses Mariennes, ainsi qu'on a nommé l'œuvre romaine, n'ont
été et ne pouvaient être que la régularisation d'un chenal
navigable, au milieu de tous les étangs parallèles au
Rhône[2]. En effet, voyant les obstacles qui s'opposaient à
l'entrée des flottes de ravitaillement dans le Rhône, Marius

1. *Marius*, ch. XV.
2. LENTHÉRIC, *Les Villes mortes du golfe de Lyon*, p. 105.

tourna la difficulté. Délaisser le fleuve, creuser et approfondir les passes dans les étangs, assurer ainsi à travers la lagune une communication régulière entre la mer et le camp romain, telle fut l'œuvre grandiose qu'il entreprit.

Le plateau des Alpines, sur lequel il avait établi son camp, était baigné de tous côtés par les eaux de la Durance et du Rhône, qui se répandaient dans de vastes étangs. Ces étangs se soudaient, comme nous l'avons vu, les uns aux autres, contournaient la ville d'Arles, descendaient, sur la rive gauche du fleuve, le long de cette riche plaine, aujourd'hui exhaussée, qu'on appelle le Grand Plan du Bourg, et venaient aboutir au golfe de Fos par le grau et par l'étang de Galéjon.

Alors que les embouchures du Rhône étaient soumises, comme elles le sont encore de nos jours, à toutes les éventualités de l'envasement, le grau de Galéjon était libre; il ouvrait l'accès de la rade intérieure et permettait aux navires d'atteindre Arles facilement[1].

C'est ce que comprit admirablement Marius. Toutefois les divers étangs, malgré leur profondeur et malgré la continuité naturelle de l'écoulement de leurs eaux vers la mer, ne se trouvaient finalement réunis l'un à l'autre que par des canaux dont la largeur et la profondeur étaient trop faibles pour livrer aisément passage aux plus gros navires. Le travail de l'armée romaine consista à élargir et à approfondir les canaux naturels dont nous venons de parler. D'autre part, les étangs et les marais du pays d'Arles n'avaient pas un niveau fixe; les eaux subissaient au contraire, suivant les saisons, des variations considérables. Pour remédier à cet inconvénient, Marius introduisit dans la lagune les eaux du Rhône, et donna ainsi à tous ces étangs un niveau plus stable que celui qu'ils avaient précédemment[2].

1. LENTHÉRIC, *La région du Bas-Rhône*, p. 203.
2. AUBIS, ouvr. cité, p. 71, 75.

Le canal des Fosses Mariennes suivait à peu près la direction du canal actuel d'Arles à Bouc. Il partait de la branche principale du Rhône; cependant il ne prenait point naissance à Arles même, mais un peu au-dessous, dans les environs du Mas-Thibert[1]. Plus haut, le Rhône était en effet parfaitement navigable, et Ammien Marcellin nous dit qu'il pouvait recevoir les plus gros navires, « ceux même qui ne naviguent ordinairement qu'à voiles ». Les Fosses Mariennes, après avoir parcouru une distance d'environ vingt-six kilomètres, à travers les marais et les étangs qui portent aujourd'hui les noms de Capeau, de Ligagneau, du Landres, du Coucou, venaient se jeter dans la mer par le grau et par l'étang de Galéjon. Le petit village de Fos en a conservé le nom, et marque approximativement la place de leur embouchure dans le golfe.

Les Fosses Mariennes furent, en dehors de l'établissement des voies de communication, le plus important des travaux d'utilité publique exécutés en Gaule avant notre ère; elles furent, en même temps, la première modification sérieuse imposée par les hommes au sol provençal. Dans les siècles suivants, des œuvres plus considérables, sans doute, furent entreprises, mais nulle n'est restée plus populaire que celle de Marius et, après deux mille ans, le nom du général romain n'est ignoré dans aucun hameau de la Provence.

1. DESJARDINS. *Aperçu historique sur les embouchures du Rhône.* p. 13.

LA PROVENCE
DEPUIS L'ERE CHRÉTIENNE

I

« Durant chaque période géologique, a écrit Élisée Reclus, la surface continentale, immobile en apparence, se
redresse à certains endroits à une grande hauteur, au-
dessus de l'Océan; ailleurs elle s'abime sous les eaux;
partout l'antique relief et les contours du sol se modifient
lentement; et la « terre patiente », qui semble rouler
inerte dans l'espace, travaille sans relâche à modifier la
forme de ses mers et de ses rivages. »

Moins considérables sans doute qu'elles ne le furent au
cours des périodes précédentes, les transformations naturelles de la Provence n'en ont pas moins continué pendant
l'ère chrétienne.

La Durance, par exemple, divisée autrefois en plusieurs
branches, et se réunissant au Rhône seulement dans les
environs d'Arles, a fini par prendre, dans cette période,
le véritable lit que nous lui connaissons. Déjà Ptolémée
déclarait que la jonction de la Durance avec le Rhône avait
lieu à une hauteur moyenne entre Avignon et Tarascon.
Néanmoins, contrairement à ce que parait affirmer le géo-
graphe grec, les dérivations anciennes de la rivière ne
disparurent pas d'une façon bien complète. Pendant toute
la durée des IXe, Xe et XIe siècles, une véritable branche de

7

ce cours d'eau traversait encore les territoires de Graveson et de Maillane. Cette branche a existé au moins jusqu'au XII⁰ siècle et même, en partie, jusqu'en 1636. Ce fut seulement à cette époque, en effet, que la vallée de Châteaurenard à Arles fut abandonnée, d'une façon définitive, par la Durance.

Soit par sa branche principale, soit par ses dérivations, cette rivière ne cessait d'entraîner des alluvions et de les répandre sur ses bords. Les terrains qui ont été ainsi récemment formés occupent, dans les départements des Basses-Alpes, de Vaucluse et des Bouches-du-Rhône, une vaste étendue ; tel le bassin qui s'étend en aval de Sisteron et où se trouvent les falaises terreuses des Mées, si étrangement sculptées en colonnes, en piliers, en obélisques[1]. Très nombreuses aussi sont les îles que les alluvions ont créées au sein même du courant. Nous citerons comme exemple celles de Jouques, de Peyrolles, de Janson, de Cavaillon, situées non loin des localités de ce nom[2].

Le Rhône, débitant une moyenne de 54 millions de mètres cubes d'eau, a produit les mêmes résultats que la Durance, mais dans des proportions nécessairement bien supérieures. Des observations très précises ont permis d'établir que le total des alluvions, charriées par le fleuve, s'élève annuellement à 17 millions de mètres cubes, soit à 2000 mètres cubes par heure. C'est à partir d'Avignon en général qu'il commence à les abandonner sur sa route, modifiant ainsi chaque jour l'aspect de ses rives. Les cartes du cours du Rhône fournissent à ce sujet les plus intéressantes indications. A moins de vingt ans de distance, elles présentent des variations considérables. Des îles anciennes ont disparu, de nouvelles se sont formées ; la plupart se

1. ÉLISÉE RECLUS, *La France*, p. 231.
2. DE VILLENEUVE, *Statistique du département des Bouches-du-Rhône*, t. III, p. 669.

sont modifiées, divisées ou réunies. Le lit du fleuve a changé de place ; les courants ont passé d'une rive à l'autre. Là où se trouvait un haut-fond, la sonde relève un gouffre[1].

Le fleuve se divise actuellement en deux branches : le grand Rhône ou Rhône d'Arles, qui se jette à la mer à 7 kilomètres en aval de la tour Saint-Louis, et le petit Rhône ou Rhône de Saint-Gilles, qui débouche au grau d'Orgon, près de Saintes-Maries. Au moyen âge et dans les temps anciens, le Rhône, divisé et subdivisé, a sillonné en tous sens la plaine inférieure ; mais il est impossible de déterminer, d'une manière précise, quel était le nombre de ces divisions aux différentes époques de l'histoire.

Si, avant notre ère, Strabon pouvait citer l'opinion de ses devanciers qui donnaient au Rhône successivement deux, trois, cinq et même sept bouches, on pourrait presque faire de même pour la dernière période que nous étudions. Dans la *Carte du Comté et du Gouvernement de Provence*, tracée par Sanson en 1667, le petit Rhône a quatre branches, dont la plus occidentale est à Aigues-Mortes ; dans la carte de Niolenc, tracée en 1692, il n'en a plus que deux[2].

Cette incertitude sur le nombre des bouches du fleuve n'a rien qui doive surprendre ; le cours inférieur du Rhône est soumis, aujourd'hui encore, à d'importantes variations, et il n'est pas étonnant qu'à des intervalles de temps très rapprochés, de nouveaux graus s'ouvrent ou se ferment. Ces changements de lit devaient être bien plus fréquents il y a quelques siècles : le fleuve, alors dépourvu de digues, se répandait librement pendant les crues sur toute la surface du delta et, au lieu de reprendre ensuite son cours primitif, il modifiait très certainement, après chaque inondation, le nombre et la direction de ses branches[3].

1. Lentheric, *Le Rhône*, t. II, p. 267.
2. Desjardins, *Géographie de la Gaule romaine*, t. I, p. 222.
3. Lentheric, *Les Villes mortes du golfe de Lyon*, p. 322.

Tout ce que nous pouvons affirmer c'est que, pendant toute la durée du moyen âge et une partie des temps modernes, le Rhône s'est largement répandu du côté d'Aigues-Mortes, coulant au pied des collines qui bordent la Camargue à l'ouest. C'est là qu'on retrouve aujourd'hui les lits atterris de ses anciens bras, les *Rhônes morts*. Le petit Rhône leur a succédé; enfin celui-ci a cédé plus tard la prééminence au bras oriental, qui est à cette heure le principal[1]. Mais ce bras oriental a subi, lui aussi, bien des modifications; ainsi, à la suite de l'inondation exceptionnelle du 24 août 1583, le fleuve forma un nouveau lit, appelé le Bras-de-Fer ou canal du Japon[2], qui suivait, dans la zone maritime, une ligne sinueuse. Cette ligne se dirigeait de l'est à l'ouest, à travers les plaines basses et les marécages de la Camargue. Elle avait près de 30 kilomètres de longueur, alors que la distance d'Arles à la mer n'était, à vol d'oiseau, que de 7 à 8 kilomètres.

Les modifications de la branche orientale du Rhône ne s'arrêtèrent pas là; en 1711, les vases avaient tellement exhaussé le Bras-de-Fer qu'à la suite d'une crue subite, les eaux du fleuve changèrent brusquement de lit une nouvelle fois. Elles se jetèrent avec impétuosité dans le petit canal des Lônes, qu'on avait creusé peu de temps auparavant dans le but de dessaler quelques étangs, et qui est resté, depuis près de deux siècles, le grand bras maritime du fleuve[3]. Mais, même depuis cette époque, combien de fois l'embouchure du Rhône n'a-t-elle pas changé de place? En trente-cinq années, de 1841 à 1876, le grau d'entrée pour les navires s'est porté de plus de 3 kilomètres de l'ouest à l'est; et ce mouvement, aujourd'hui encore, continue.

1. ÉLIE DE BEAUMONT, *Leçons de géologie pratique*, p. 391.
2. DE NOBLE-LALAUZIÈRE, *Abrégé chronologique de la ville d'Arles*, p. 372.
3. LESTHÈRIE, *La Région du Bas-Rhône*, p. 176 et 211.

Ce sont les alluvions du Rhône qui ont modifié, d'une façon si sensible, la direction et le nombre des bouches du fleuve ; ce sont ces mêmes alluvions qui forcent chaque année les embouchures à s'avancer de près de 40 mètres vers le large, et à augmenter ainsi l'étendue du delta de la Camargue.

L'étang de Valcarès, à cette heure enserré par les atterrissements et prisonnier au centre de la Camargue, n'était pas formé à l'époque romaine ; au IVe siècle, il devait figurer un golfe [1]. Et tous les nouveaux ilots, qui naissent sous nos yeux aux embouchures, augmentent chaque jour ce domaine récent, conquête patiente du Rhône sur la mer. Une cause futile en apparence, un navire naufragé, une épave, un simple piquet peuvent donner naissance à un de ces ilots ou de ces theys. C'est ainsi que se sont formés successivement les theys d'Eugène, de Saint-Antoine, de Rouslan, d'Annibal, qui portent les noms de bateaux échoués aux embouchures. Le moindre obstacle sert ainsi de noyau aux atterrissements du Rhône, atterrissements qui se développent et progressent bientôt.

« Le Rhône fougueux, écrivait Ammien Marcellin, vers le milieu du IVe siècle, se jette, par une large embouchure, dans le fond d'un golfe de la mer des Gaules, à 18 milles de distance d'Arles. » C'était donc à peine 27 kilomètres, et il y en a actuellement plus de 50. En 1664, Honoré Bouche [2], constatant la retraite de la mer, s'écriait : « Et voire de nos jours il est arrivé un si grand reculement des eaux, que la ville d'Arles s'est avantagée en fonds de terre pour quatre ou cinq cents écus de rente. »

« Il semble, dit très judicieusement Astruc [3], que l'accroissement successif de cette côte soit marqué à l'œil

---

1. DESJARDINS, ouv. cité, t. I, p. 220.
2. *Chorographie et histoire de la Provence.* t. I, p. 20.
3. *Mémoire pour servir à l'histoire naturelle du Languedoc.*

par l'ordre des tours bâties le long du Rhône. Strabon nous apprend que les Marseillais, devenus maîtres de l'embouchure du fleuve, y construisirent des tours pour servir de signaux et pour faciliter l'entrée et la sortie des navires. Si le Rhône avait toujours eu la même embouchure, on n'aurait eu besoin que d'y construire une seule tour, ou du moins n'aurait-il fallu en construire que deux, une sur chaque rive; cependant on en compte aujourd'hui quatre ou cinq de chaque côté, rangées de distance en distance le long du fleuve. C'est donc une preuve que le lit du Rhône s'est prolongé peu à peu dans la mer par des atterrissements successifs; que les anciennes tours se sont trouvées par là trop éloignées de l'embouchure pour pouvoir servir à l'usage pour lequel on les avait bâties; qu'on a été obligé enfin d'en construire de nouvelles de temps en temps et de distance en distance. »

La dernière de ces tours sémaphores est la tour Saint-Louis, construite en 1737; elle était établie alors sur le rivage même de la mer; aujourd'hui elle en est éloignée de plus de 7 kilomètres.

Ce qui s'est produit aux embouchures du Rhône, au cours de notre ère, s'est produit de même en maints autres endroits. En effet, les alluvions des ruisseaux et des fleuves se montrent sur toutes les plages, et les atterrissements qui en sont la conséquence marchent d'autant plus vite que la côte est en pente plus douce à l'embouchure des rivières.

Le golfe des Lecques s'étendait assez loin dans l'intérieur des terres. Mais les ruisseaux de Saint-Cyr et de Saint-Côme, en se jetant dans ce golfe, charriaient, pendant les orages, une eau excessivement bourbeuse et amenaient vers le rivage de grandes quantités de sédiments et de graviers. Ces terres transportées ont fini, à la longue, par constituer une plaine d'alluvions qui a pris la place de l'ancien golfe et qui est connue sous le nom

de Plan de la Mar[1], souvenir de l'ancien état marécageux
du sol, aujourd'hui émergé et surexhaussé.

Les atterrissements du Gapeau ont formé, au fond de
la rade de Giens d'abord, puis dans la rade d'Hyères, des
dépôts nombreux de sable et de limon. C'est à ces dépôts que sont dus, d'une part, la plage que les vagues ont
gracieusement arrondie et qui porte le nom de Ceinturon;
et, d'autre part, l'isthme sablonneux qui a fait de l'îlot
primitif de Giens une presqu'île.

Dans la baie de Cavalaire débouchent plusieurs cours
d'eau sans importance, mais dont les alluvions séculaires
peu à peu nourrissent la plage. La terre gagne ainsi tous
les jours sur la mer; et cette marche, quoique fort lente,
a eu, dit-on, pour résultat de recouvrir d'une couche de
sable une grande partie d'une ancienne ville romaine
assise sur le rivage.

Les deux ou trois petits torrents qui se jettent au fond
de la rade de Bormes sont, eux aussi, à peine notables:
cependant les atterrissements qu'ils apportent sans cesse
ont fini par diminuer l'étendue de cette rade, autrefois
beaucoup plus vaste et beaucoup plus profonde.

Les rivières de la Molle et du Giscle ont donné naissance, dans les mêmes conditions, à la petite plaine d'alluvions qui forme le fond du golfe de Saint-Tropez. Le
Reyran et l'Argens ont produit de leur côté de tels atterrissements qu'ils ont isolé de la mer le port de Fréjus.
Dans l'espace de dix-huit siècles, les eaux se sont reculées,
à cet endroit, de 1 400 mètres, soit environ de 77 centimètres par an. Sans doute, à l'origine de notre ère, la
ville de Fréjus n'était pas, contrairement à ce qu'on a dit
souvent, sur le bord même de la mer. Elle en était séparée
par une lagune, que l'Argens avait précédemment formée
et que la mer avait circonscrite par une sorte de cordon

1. De Villeneuve, ouv. cité, t. II, p. 226.

littoral. Mais cette lagune, alors vive, a été peu à peu
atterrie par les eaux troubles de l'Argens, et l'étang, jadis
navigable, est devenu successivement une lagune morte,
un marais pestilentiel, une plaine d'alluvions entrecoupée
de fondrières, tour à tour inondées et asséchées.

La Siagne se jetait, au début de l'ère chrétienne, dans un
golfe étroit et profond. Mais l'action incessante de la mer
a fermé ce golfe par un lido sablonneux. La rade est deve-
nue un bassin séparé du domaine maritime; les alluvions
de la rivière, arrivant d'une manière continue dans cette
lagune, l'ont à la fin comblée et ont créé de ce fait la vaste
plaine de Laval et le sol de la Napoule. Ces alluvions dessinent même à cette heure, en dehors de la ligne du
rivage, un promontoire sous-marin dont la progression,
quoique fort lente, est pourtant très appréciable.

Enfin la Brague, le Loup, la Cagne, le Paillon, le Var
ont donné naissance, par leurs atterrissements, à une
nouvelle plaine basse et marécageuse, limitée du côté de
la mer par une plage de sable et de galets. Toujours
augmentée par de nouveaux apports, cette plage est fa-
çonnée par les vagues et les courants suivant deux grandes
courbes régulières; la première commençant au port
d'Antibes et allant jusqu'au Var, la seconde allant de l'embouchure de ce fleuve jusqu'à la colline du Château qui
domine la ville de Nice[1]. La saillie divisant ces deux
grandes courbes est toute moderne: elle n'existait pas
avant notre ère. Le rivage présentait alors une seule con-
cavité régulière et sans inflexion.

Malgré de continuels progrès, la marche envahissante
de tous les fleuves, grands et petits, ne cesse pas d'être
combattue. Ce sont les vagues de la mer qui livrent ces
perpétuelles batailles avec les alluvions, et on a pu même

1. LENTHÉRIC, *La Provence maritime*, p. 266 et suiv.

dire[1] que, sans les apports incessants du Rhône, le rivage de la Camargue et tout le delta, limés sans relâche par les vagues, finiraient par disparaître peu à peu; la mer creuserait de nouveau la côte et reconstituerait, à la longue, le grand golfe primitif du Rhône, que le fleuve a comblé.

Ce qui est bien certain, c'est que, si divers points des embouchures avancent chaque jour plus loin dans la mer, par contre, en bien d'autres endroits, où les atterrissements du fleuve ne se font plus sentir, l'érosion de la plage est importante. On peut s'en rendre compte d'une manière facile sur le rivage même de la Camargue. Ainsi l'ancienne batterie d'Orgon, construite il y a deux cents ans à peine, est engloutie aujourd'hui et forme un écueil en mer, à une centaine de mètres de la côte. D'autre part le phare de Faraman, élevé en 1836 à 700 mètres environ de la mer, est à cette heure environné par les eaux. On ne l'a même sauvé momentanément de la ruine, qu'en entourant son pied d'une sorte de digue en blocs artificiels. Quant au sémaphore de Faraman qui avait été établi non loin du phare, il dut être abandonné au mois de décembre 1872; il était complètement miné par les eaux au mois de mars suivant. D'après ces données, le recul de cette partie de la plage, recul qui paraît s'accélérer depuis quelques années, pourrait être évalué à 30 mètres par an[2].

Là où elle n'a point d'atterrissements à détruire, la vague, qui bat sans trêve la côte, ronge les rochers, les déchire, les emporte, les brise et les pulvérise. Elle provoque ainsi l'érosion des falaises et détruit les caps dont tous les débris, remaniés sans repos, finissent par se réduire en sable et en galets[3]. Et elle ne cesse de travailler

1. LENTHÉRIC. Les Villes mortes du golfe de Lyon, p. 327.
2. Bulletin de la Société de Géographie, 1873, p. 162 et 177.
3. E. RECLUS. La Terre, t. II, p. 207.

au remaniement du rivage tant que celui-ci ne présente
pas une succession de criques, doucement infléchies de
promontoire en promontoire.

C'est ainsi que l'action des flots a entamé partout les
côtes méditerranéennes, et principalement les parties de
ces côtes opposées à la direction des vents marins, vents
du sud et du sud-ouest. Par exemple, l'île de Brégançon,
dans la rade d'Hyères; le littoral entre le cap Sicié et
Tauroentum, entre le Bec-de-l'Aigle et Cassis ont été
rongés par les eaux[1]. A Tauroentum, la mer a détruit en
partie le cap Saint-Louis; ce cap, qui termine du côté
nord le golfe des Lecques, avait autrefois une saillie beaucoup plus accentuée qu'à cette heure[2].

C'est aux efforts des vagues qu'il faut encore attribuer
la naissance du petit banc de sable qui réunit Saint-Man-
drier à la côte de Sicié. Les flots, en venant se briser
contre les promontoires voisins, les ont peu à peu usés
et ont ainsi créé des matériaux qui, déposés ensuite, ont
formé la plage des Sablettes. Chaque lame accomplit ainsi
une œuvre double : elle sape la base des rochers et
elle se charge de débris qu'elle va déposer aussitôt sur
la plage la plus rapprochée[3]; de la même impulsion,
elle fait reculer la pointe et gagner le rivage de la baie.

Les mêmes causes ont fait disparaître, aux environs de
l'étang de Berre, l'ancien *portus* des Fossæ-Marianæ. Les
eaux ont rongé jusqu'aux dernières limites des maisons
et n'ont presque plus rien laissé sur le rivage[4]. Enfin, la
mer a certainement entamé la côte des environs de Marseille. Nous savons qu'avant l'apparition de l'homme, les
vagues baignaient à peine Carry, Sausset et la Couronne,
et que les îles de la rade touchaient au littoral. Toute

1. DESJARDINS, ouvr. cité, t. I, p. 207.
2. LENTHÉRIC, *La Provence maritime*, p. 111.
3. E. RECLUS, *La Terre*, t. II, p. 209.
4. DE VILLENEUVE, ouvr. cité, t. II, p. 224.

l'immense plage sablonneuse, dont nous avons peine aujourd'hui à nous figurer l'existence, a donc été rongée par les vagues, et la route ancienne qui conduisait autrefois de Marseille à Martigues, en longeant la côte, a disparu depuis longtemps[1].

Dans un mémoire écrit en 1808, M. Martin a calculé, d'après des documents authentiques, qu'à Marseille l'avance de la mer sur la terre aurait été de 78 mètres pour une période de 606 ans, comprise entre les années 1202 et 1808, soit 128 millimètres par an, 12^m,80 par siècle. Si cette progression est régulière, comme le croit M. le commandant Rouby, dans une étude sur le siège de Marseille par Jules César, il faut admettre que la terre ferme a reculé sur ce point de 250 mètres depuis notre ère[2].

Au fond de l'anse de Saint-Jean, près de Nice, la mer empiète depuis longtemps sur la côte, et les eaux recouvrent maintenant un long espace de terrain où jadis la culture des oliviers et des caroubiers était en pleine vigueur[3]. Les environs de Beaulieu offrent le même phénomène. Toutes les grottes, sises sur les flancs méridionaux du mont Boron, étaient autrefois à sec, et l'on s'y rendait facilement par terre; maintenant, elles sont envahies par la mer.

Les atterrissements des fleuves et des rivières, ainsi que le choc des vagues sur la côte, ont été, nous venons de le constater, les principales causes des transformations naturelles de la Provence, au cours des dix-neuf siècles qui viennent de nous précéder. Toutefois, ces causes ne sont pas les seules, et nous ne devons point négliger d'indiquer

1. A. FABRE, *Les Rues de Marseille*, t. I, p. 21.
2. DESJARDINS, ouv. cité, t. II, p. 154, 156 et 157.
3. RISSO, *Hist. nat. des princip. productions de l'Europe méridionale*, t. I, p. 196.

les transformations dues aux effets des feux souterrains.

Si, précédemment, nous avons vu que les chaines de montagnes, qui entourent aujourd'hui notre horizon, sont le résultat de lents mais continuels soulèvements, nous ne pouvons point supposer que ces soulèvements se sont arrêtés au cours de notre ère. Il est certain, au contraire, qu'ils se poursuivent sans cesse et, si nous n'en avons point conscience, c'est parce qu'ils n'altèrent que par degrés insensibles le relief général de l'écorce terrestre. L'on peut même affirmer, avec l'un des plus grands naturalistes des temps modernes, que le repos de cette écorce terrestre, pendant toute une période de son histoire, est aussi improbable que le serait le calme absolu de l'atmosphère pendant toute une saison de l'année.

Les volcans anciens de notre région, volcans qui courent de Nice à Ollioules par Antibes, l'Esterel et Saint-Tropez, quoique ne donnant plus signe de leur existence, continuent, sans nul doute, à communiquer avec le grand centre igné du monde. S'ils paraissent extérieurement éteints, ils produisent néanmoins une force verticale qui pousse de bas en haut et de haut en bas la frêle enveloppe du globe. « Il semble probable à plusieurs géologues que la France entière, agitée par un léger et presque imperceptible frisson, se soulève lentement du côté du Sud[1]. »

D'ailleurs, des faits sont là pour prouver ces assertions. Tantôt nous signalions, dans les environs de Nice, les empiétements de la mer sur la côte; or, en d'autres endroits de la même région, à la suite des tremblements de terre qui ont atteint le département des Alpes-Maritimes, le rivage paraît s'être sérieusement exhaussé au-dessus des flots. Ainsi semble se continuer le mouvement qui s'était produit au cours des dernières grandes révolutions géologiques, et qui avait fait subir à toute cette côte, à

1. E. RECLUS, *La Terre*, t. I, p. 730.

Biot, à Villefranche, à Menton, par exemple, un relèvement des plus importants, évalué de 20 à 23 mètres[1].

D'autre part, dans le département des Bouches-du-Rhône, on a retrouvé une portion des quais de la ville Maritima Avaticorum, sur les pentes ouest de la colline de Saint-Blaise, à 11 mètres de hauteur de l'étang de la Valduc[2]. Enfin, pour ce qui concerne le département du Var, la disparition, au cours de notre ère, de l'ancienne ville de Tauroentum pourrait être facilement expliquée par une série d'oscillations, une suite d'abaissements et d'exhaussements ayant, tour à tour, noyé la ville et asséché le port.

II

La région littorale de la Provence était autrefois moins déserte qu'elle ne l'est aujourd'hui. « Une chose étonnera tout observateur, a écrit M. Charles de Ribbe[3], c'est que la plaine de la Camargue était anciennement couverte de bois. » Le nom de *Sylve Godesque*, que la zone des embouchures du Rhône a porté dans tout le moyen âge[4], indique en effet que les steppes, maintenant sablonneuses et incultes, possédaient à cette époque des richesses forestières considérables.

Si nos landes maritimes étaient fortement boisées, nos collines, nos montagnes, nos vallées l'étaient davantage encore. Les îles des fleuves et des lacs, couvertes de pins et de peupliers, formaient de véritables oasis flottantes. Les rives de la Durance étaient ombragées par des chênes

1. *Annales de la Société des Sciences, Lettres et Arts des Alpes maritimes*, t. II, 1873, p. 14 et 110.
2. DE VILLENEUVE, ouv. cité, t. I, p. 117.
3. *La Provence*, p. 23.
4. LENTHÉRIC, *Les Villes mortes du golfe de Lyon*, p. 113.

et des aunes. Les flancs, aujourd'hui désolés des montagnes de Septèmes, étaient revêtus de bois pleins de bêtes
fauves. Une immense forêt s'étendait dans les environs
d'Aix [1] ; une autre couvrait tout le territoire de Saint-Cannat. Le récit de Pétrarque nous fait soupçonner, et la tra-
dition nous rapporte [2], que jadis le mont Ventoux était
complètement boisé.

Toute la chaîne qui borde la rive gauche de l'Huveaune
était ornée d'arbres en majestueuse futaie. La forêt de la
Sainte-Baume a conservé l'aspect que devait offrir autrefois le sol entier de notre région provençale.

Ces forêts devinrent forcément les lieux de refuge les
plus naturels des populations poursuivies par les envahis-
seurs et par les barbares. Mais, pour enlever aux malheu-
reux fugitifs les forteresses naturelles où ils cachaient
leurs moissons, leurs troupeaux et leurs modestes tré-
sors, les assaillants ne trouvèrent rien de mieux que de
couper les forêts [3]; on abattit les bois, on les incendia.
Lucain décrit dans sa *Pharsale* le bois sacré qui environ-
nait Marseille et que fit couper Jules César.

Plus tard, les possesseurs de la terre eux-mêmes, sei-
gneurs et paysans imprévoyants [4], continuèrent cette
lutte contre les forêts. Le besoin de pâturage fit déclarer
aux arbres une guerre acharnée, et cette guerre alla
justement contre le but poursuivi car, non seulement on
ne créa pas de nouveaux pâturages, mais ceux existants
ne tardèrent pas à être entièrement détruits.

L'aspect de la Provence fut dès lors complètement modifié. Le déboisement des montagnes est, en effet, la cause
principale de la dévastation du sol et des transformations
physiques qui en sont la conséquence immédiate. Les

1. GARCIN, *Dictionnaire de la Provence*, t. I, p. 239; t. II, p. 23.
2. MAURY, *Les Forêts de la Gaule*, p. 383.
3. L'abbé CHEVALIER, *Géologie contemporaine*, p. 307.
4. E. RECLUS, *La Terre*, t. II, p. 275.

forêts ayant été abattues, les eaux pluviales, que retenaient autrefois les racines et qui pénétraient lentement dans la terre, ont cessé leur œuvre de fertilisation pour commencer leur œuvre de destruction. N'étant plus absorbées par le sol et tombant sur des pentes abruptes, ces eaux se réunissent de tous côtés et forment dans un instant des courants considérables, qui emportent dans la vallée les terres et les graviers. Les crues se changent ainsi en inondations, dévastent les campagnes riveraines et causent d'immenses désastres.

L'histoire a conservé le souvenir des grandes inondations du Rhône. Parmi celles qui se sont produites au cours du moyen âge, il faut citer particulièrement les inondations de 1226, 1345, 1352, 1353, 1358, 1433. Les débordements de la Durance à cette époque furent plus nombreux encore. Celui de 1358 surtout fut important[1] : il porta les eaux de la rivière jusqu'aux portes d'Avignon, et modifia en plusieurs endroits le lit où la Durance coulait habituellement.

Si, en suivant les eaux des rivières et des fleuves, les terres arrachées aux flancs des montagnes courent jusqu'aux embouchures, les graviers, par contre, s'arrêtent beaucoup plus tôt ; ils envahissent les régions riveraines, les couvrant de débris anguleux ou faiblement roulés, et les frappant ainsi d'une stérilité complète. D'autre part, les eaux, arrivant en masse, sortent de leur lit, s'étendent sur les campagnes qu'elles bordent et forment des successions de palus et de marais, en communication constante avec les fleuves et les rivières.

D'ailleurs tout indique qu'au commencement de la période actuelle, les cours d'eaux avaient un écoulement moins facile que de nos jours. Des barrages, créés soit par des bancs calcaires, soit par des accumulations de matières

1. Honoré Bouche, ouv. cité, t. II, p. 389.

de transport, et qui n'ont cédé qu'à l'action prolongée des crues, exhaussaient le niveau des rivières et favorisaient leurs divagations. Au xᵉ siècle, la Durance formait encore des cataractes dans les gorges de Mirabeau[1].

Les lacs, les palus, les marais que nous signalons existaient en majeure partie depuis bien avant notre ère; ils s'étaient peu modifiés au début de la période qui nous occupe. Dans les environs d'Arles et de Salon, ils s'étendaient toujours sur un espace immense. Des chartes nombreuses des xⁱⁱᵉ et xⁱⁱⁱᵉ siècles disent que l'on ne pouvait aborder à Cordes et à Mont-Majour qu'en bateau. Un autre bassin intérieur réunissait en une même nappe d'eau les étangs qui ont pris aujourd'hui les noms d'Engrenier, de Poura, de Cytis, de la Valdue et de l'Estomac. Autour de Saint-Remy, de Mollèges et de Pertuis, les eaux couvraient un grand espace. Il en était de même dans plusieurs localités; les plaines de Saint-Maximin et de Cuges étaient de vastes marais[2]; entre Gémenos et Aubagne s'étendait un immense bassin; enfin, au centre même du Marseille actuel, les ruisseaux de Jarret et de l'Huveaune formaient un large étang que rappelle le quartier de la Palud.

Mais si l'homme avait préparé, par ses déboisements, des conséquences lointaines et fâcheuses qu'il ne prévoyait pas, il s'est appliqué aussi à réparer ses fautes, à lutter contre les forces de la nature, à rétablir l'équilibre un moment troublé : « A mesure que les peuples se sont développés en intelligence et en liberté, a écrit Élisée Reclus[3], ils ont appris à réagir sur cette nature extérieure dont ils subissaient passivement l'influence; devenus, par la force de l'association, de véritables agents géologiques, ils ont transformé de diverses manières la surface des con-

1. DE VILLENEUVE. ouv. cité, t. I, p. 90.
2. GARCIN. ouv. cité, t. II, p. 307.
3. *Revue des Deux Mondes*, 1ᵉʳ décembre 1864, p. 762.

tinents, changé l'économie des eaux courantes, modifié les climats eux-mêmes. » C'est ainsi qu'ils ont cherché à obliger les cours d'eau à restreindre l'étendue de leur lit; c'est ainsi encore qu'ils ont voulu endiguer le courant des fleuves et des rivières pour échapper, d'une part, au fléau des inondations et, d'autre part, pour augmenter l'étendue des terres cultivables.

Si l'origine historique des digues fluviales du Rhône remonte à peine au moyen âge[1], leur origine véritable est bien plus ancienne; elle date certainement de l'époque romaine. Ce qui ne laisse aucun doute, c'est que les Bénédictins de l'abbaye de Mont-Majour entreprirent, vers le xi° siècle, de fermer une brèche de la Durance, brèche qui permettait sans cesse aux eaux de la rivière de se répandre dans les campagnes environnantes. Les Chartreux établis à Bonpas, dans le département de Vaucluse, protégèrent de même[2] leur territoire contre les ravages de la Durance, par la construction de digues.

A la suite de la fermeture des brèches de la rivière, la hauteur du plan d'eau de tous les marais et de tous les étangs diminua aussitôt considérablement. Mais alors un résultat qu'on n'avait pas assez prévu se produisit. Les lacs et les étangs, cessant tout à coup d'être alimentés, se changèrent en palus, et de leurs eaux stagnantes naquirent les fièvres et les épidémies qui ont désolé si longtemps plusieurs parties de la Provence[3]. Des lagunes, jadis navigables, furent transformées en flaques d'eau pestilentielles. Sur les rives de la Durance, de vrais marécages infectaient l'air de leurs émanations malsaines.

Ce fléau n'était pas nouveau dans le Midi. Dès les premiers siècles de notre ère, les conditions climatériques de

1. DE JESSÉ-CHARLEVAL, *Préliminaire d'une étude sur la Camargue*, p. 16.
2. ÉMILE NIEL, *Union de Vaucluse*, juillet, 1875.
3. GILLES, *Le Pays d'Arles*, p. 123.

la basse plaine de l'Argens étaient mauvaises, et les étangs qui longeaient la ville de Fréjus du côté de la mer, engendraient déjà des fièvres pernicieuses. Une inscription gréco-latine, retrouvée dans cette ville[1], rappelle le monument élevé par une mère à son jeune enfant de sept ans, victime du climat.

Les Romains entreprirent de grands travaux pour améliorer cette situation, et pour empêcher les atterrissements de l'Argens de combler d'une façon définitive les étangs. Lorsque Agrippa, ministre et favori d'Auguste, vint occuper la Gaule, il fit exécuter une œuvre très importante pour mettre le port de Fréjus en état de recevoir la flotte romaine[2]. Afin d'empêcher la marche envahissante des alluvions, il fit construire un long épi qui avait pour but de détourner le courant. Mais le remède était borné et la source du mal intarissable.

On entreprit alors une autre lutte. Au lieu de continuer à les éloigner, on amena les eaux de l'Argens dans le port pour y faire des chasses; mais l'envasement qui avait eu lieu par le haut s'opéra par le bas, et ce fut tout. On fut réduit enfin à entretenir d'une manière continue une passe artificielle dans l'étang. On creusa un chenal maritime large et profond, et à mesure que de nouveaux dépôts de l'Argens exhaussaient le fond de la lagune, on prolongeait ce canal jusqu'à la mer. Bientôt il fallut creuser sans cesse pour assurer le passage des bateaux du plus faible tirant d'eau. Ce ne furent que des palliatifs. Toutefois, tant que l'Empire fut florissant, il fut possible d'organiser un service d'entretien pour opérer le dragage du port. Mais, dès le Ve siècle, les invasions des barbares interrompirent le cours de tous les travaux. Le port de Fréjus ne fut plus l'objet que de soins intermittents; les boues de l'Argens et du Reyran, arrivant d'une manière continue,

1. *Revue archéologique*, 1861, p. 371.
2. LENTHÉRIC, *Revue des Deux Mondes*, 1er août 1879, p. 650.

exhaussèrent dans une très forte proportion le fond de la
zone inondée, et comblèrent les étangs qui séparaient la
ville de la mer. Dès lors le port de Fréjus était perdu
pour toujours.

Pour obvier à des inconvénients identiques à ceux qui
se manifestaient à Fréjus, et pour préserver l'étang de la
Napoule des atterrissements de la Siagne, les Romains
détournèrent cette rivière en lui créant un nouveau lit
qui coulait en dehors de l'étang, à 1 500 mètres plus à
l'est que l'ancien. En même temps, sur divers autres points
de la Provence, à Saint-Remy, à Salon, à Arles, les Romains cherchèrent à dessécher les marais environnant ces
localités; plusieurs canaux furent construits dans ce but.
On a même dit[1], mais sans preuves, que le dessèchement
des marais de Saint-Remy avait été commencé avant les
Romains, par les Phocéens. Toutefois, il est certain que
les descendants de ces Phocéens exécutèrent, dans un
but identique, d'importants travaux à Marseille même.

Nous avons déjà fait connaître que les ruisseaux de Jarret
et de l'Huveaune alimentaient de nombreux marais. C'est
au milieu de ces marais qu'était creusé le port du Lacy-
don. Les historiens nous apprennent que Marseille était
enfermée dans une presqu'île; elle était entourée en
avant et de deux côtés par la mer; en arrière étaient des
marais[2]. Festus Avienus, qui décrit cette cité, nous dit :
« Le marais entoure la ville, et les eaux se répandent
même dans les rues et dans les maisons. Devant le marais s'étend le rivage de la mer : un chemin étroit cir-
cule entre les deux eaux[3]. » Les fils des Phocéens entreprirent de détruire ce « chemin étroit » et de mettre les
eaux des marais en communication avec celles de la mer.
De ce fait, ils combattirent les inondations dont ils étaient

1. De Villeneuve, ouv. cité, t. I, p. 61 et 63.
2. Walckenaer, *Géographie ancienne des Gaules*, t. I, p. 119.
3. *Ora Maritima*.

les victimes, par suite des débordements de l'Huveaune
et du Jarret et, admirant ces résultats, le poëte latin
s'écrie : « Le travail assidu des anciens fondateurs a
triomphé, à force d'art, de la forme des lieux et de la
nature du territoire. »

Malheureusement ces premiers travaux, à peine conti-
nués sous le règne de Charlemagne, furent complétement
abandonnés pendant plusieurs siècles. Ce fut seulement
au moyen âge que les moines de l'abbaye de Saint-Victor
à Marseille détournèrent enfin le cours du Jarret, et tra-
vaillèrent avec succès au desséchement des marais qui
entouraient la ville vers le Sud[1]. D'autre part, les Bénédictins de Mont-Majour, après avoir fermé les brèches de
la Durance, entreprirent à leur tour le desséchement des
étangs qui environnaient leur monastère. Ces mêmes reli-
gieux mirent ensuite à sec les marais d'Istres, de Martigues
et de Saint-Chamas, dans les Bouches-du-Rhône. Au pied
de Miramas-le-Vieux, on peut admirer encore les canaux
souterrains qu'ils construisirent pour dessécher les bassins supérieurs et les transformer en terres cultivables[2].

Ces travaux ne furent pas les seuls entrepris par les
moines de Mont-Majour. A Faucon, dans les Basses-Alpes,
ils transformèrent les rives de l'Ubaye et distribuèrent
aux habitants toutes les terres conquises. Ils agirent de
même à Saint-Maximin[3], dans le Var, où, après avoir
desséché la plaine inondée, ils donnèrent les terres aux
ouvriers qu'ils avaient employés à ce pénible labeur.

Les Bénédictins durent se livrer partout avec succès à
ces travaux de desséchement. Par un acte du mois de
mars 1215, l'archevêque d'Avignon et son chapitre renon-
cent, en leur faveur, à tous les droits spirituels et tem-

1. A. SAUREL, *Dictionnaire des villes, villages et hameaux des
Bouches-du-Rhône*, t. II, p. 32, 33 et 57.
2. DE VILLENEUVE, ouv. cité., t. II, p. 312.
3. GAUCIS, ouv. cit., t. I, p. 295; t. II, p. 189 et 383.

porels sur les palus desséchés de Mont-Majour et du Castellet. D'autres actes[1], datés de 1410 et de 1412, constatent aussi le desséchement de ces marais.

L'exemple donné par les moines de Saint-Victor et de Mont-Majour fut bientôt suivi. Les environs de Salon furent desséchés à leur tour et la plaine nouvelle donnée à la culture. Dans le département de Vaucluse, les terres de l'Isle-sur-Sorgue, qui n'étaient qu'un vaste marais; dans les Basses-Alpes, les environs de Malijai et les rives de la Bléonne; dans les Alpes-Maritimes, les alentours de Saint-Laurent-du-Var furent aussi soumis aux travaux de desséchement. La plaine de Brignoles n'était qu'un vaste marais, créé par le Caramy et rendant le territoire malsain et presque inhabitable[2]; cependant plusieurs familles étrangères bravèrent la maladie, vinrent s'établir dans le voisinage, construisirent quelques maisons sur les hauteurs les plus rapprochées et commencèrent le desséchement des terres.

Nous avons dit qu'à l'est du territoire d'Aubagne, territoire limitrophe de celui de Gémenos, il existait, au début de l'ère chrétienne, un immense bassin. C'était plutôt une cuvette lacustre, recevant les eaux pluviales descendues des montagnes environnantes et les eaux des sources de la vallée de Saint-Pons. Ces eaux n'avaient qu'un très difficile écoulement dans l'Huveaune, aussi formèrent-elles un marécage donnant naissance à des fièvres pernicieuses qui décimaient la population des hameaux voisins. Pendant quatorze siècles, ces terres paraissent n'avoir subi aucune transformation. La première tentative de desséchement fut faite par les habitants de ce terroir au commencement du xvᵉ siècle[3], Alix des Baux étant à la tête de

1. LÉGIER, *Observations sur le projet de dessécher les marais d'Arles*, p. 31.

2. GARCIN, ouv. cit., t. I, p. 169, t. II, p. 2.

3. BARTHÉLEMY, *Histoire d'Aubagne*, t. I, p. 511.

la seigneurie d'Aubagne. Quelques fossés d'écoulement furent créés; mais, peu d'années après, ces premiers travaux ayant été reconnus insuffisants, on établit un canal plus important qui fut appelé la *maïre*, *mater paludis*.

Si certaines parties de la Provence étaient sujettes aux inondations des rivières et aux émanations malsaines des marais, beaucoup d'autres parties de notre région, au contraire, manquaient complètement d'eau. Il fallut par conséquent travailler activement pour s'en procurer. On comprend, en effet, que l'eau est plus qu'un auxiliaire pour un pays comme la Provence : c'est la fertilité, c'est la vie même qui remplace la sécheresse et la misère[1]. Aussi, tout en se prémunissant sur certains points contre les écarts des fleuves et des rivières, sur d'autres on dut profiter amplement de ces écarts, les inviter, les solliciter même, puis les distribuer, les diriger et les conserver le plus longtemps possible.

Les Romains s'intéressèrent les premiers à ces travaux, et construisirent de grands canaux pour conduire les eaux dans toutes les villes. Sous leur domination, il n'y eut point de bourg, point de village même, n'ayant pas un aqueduc. Les restes des ouvrages entrepris dans ce but, à cette époque, sont encore debout en une foule d'endroits. L'éloignement des sources n'était pas pour les Romains un obstacle, et dans toutes les colonies, le service des eaux était peut-être le mieux fait, le plus assuré par l'édilité romaine[2].

Deux grands aqueducs alimentaient l'antique ville de Cimiez[3]; deux autres, celle d'Antibes[4]. A Grimaud, les Ro-

1. DESJARDINS, *Géographie de la Gaule Romaine*, t. I, p. 167.
2. LENTHÉRIC, *La Provence maritime*, p. 344.
3. *Annales de la Société des Sciences, Lettres et Arts des Alpes-Maritimes*, t. V, 1878, p. 181.
4. *Bulletin de la Société d'études de la ville de Draguignan*, t. II, 1858-59, p. 124.

mains construisirent une canalisation pour aller chercher l'eau de la belle source de Painchaud [1], qui est éloignée de plus de 3 kilomètres et qui doit, avant d'arriver, traverser la profonde vallée des Eygalières. Ils captèrent aussi, près du village de Solliès-Toucas, les sources du Thon [2], dont ils conduisirent les eaux à Hyères par un bel aqueduc.

La colonie romaine d'Arles, pour s'approvisionner en tout temps d'une eau plus limpide, que celle roulée par le Rhône une partie de l'année, avait dirigé vers cette ville quelques sources naissant dans les Alpines. Ces sources furent conduites à Arles, à travers les collines et les marais, au moyen d'un aqueduc qu'on retrouve encore en grande partie au quartier Barbegal, tantôt souterrain, tantôt suspendu sur des arcades [3].

D'autre part, la Durance ayant établi son courant plus au nord d'Orgon qu'il n'était précédemment, les Romains entretinrent un canal dans l'ancien lit, alors occupé par le ruisseau du Lonérion et coulant dans la direction d'Arles. Ce canal, remplacé aujourd'hui par celui du Vigueirat, était navigable, et l'on retrouve encore à certains endroits les ruines des quais en pierre de taille dont ses bords étaient revêtus. Quittant la Durance aux environs d'Orgon, il se rendait au palus de Mollèges, puis à Saint-Remy, à Saint-Étienne-du-Grès, à Ernaginum et enfin à Arles où il atteignait le Rhône.

Un autre canal de navigation, créé à l'époque romaine sur l'emplacement d'une ancienne dérivation de la Durance, suivait à peu de chose près la direction actuelle du canal de Craponne. Il reliait la grande rivière provençale à l'étang de Berre et à la Touloubre, en traversant les marais des environs de Salon. On rencontre de nombreux

---

1. GERMONDY, *Géographie Gallo-Romaine*, p. 364.

2. GARCIN, ouv. cit., t. II, p. 425.

3. *Mémoires de la Société des antiquaires de France*, t. XIII, p. 83.

débris de construction sur plusieurs points de son tracé[1].

Mais le travail d'adduction d'eau le plus étendu, sinon le plus monumental que les Romains aient accompli sur le sol de la Provence, c'est incontestablement celui par lequel ils allèrent chercher l'eau de la Siagne, près du petit village de Mons, à 60 kilomètres au loin, pour l'amener à Fréjus; ils obtinrent ce résultat grâce à une série d'aqueducs, d'arcs, de ponts, de cuvettes souterraines, dont on voit encore les ruines sur plus de la moitié du parcours de cette ancienne canalisation.

Ces travaux, comme tous ceux exécutés à cette époque, furent malheureusement abandonnés pendant plusieurs siècles, et aucune œuvre nouvelle ne fut entreprise. Le canal le plus ancien, après ceux créés par les Romains, est celui de Vaucluse qui s'amorce sur la Sorgue et arrose plusieurs communes avant de traverser Avignon; il date d'une époque fort ancienne, quoique non déterminée; il en est question dans une charte de 1101.

Ce canal ne devait pourtant pas suffire aux besoins de la population, puisque, dans la seconde moitié du xiiᵉ siècle, la ville d'Avignon décida l'établissement d'un nouveau canal dérivé de la Durance. Ce fut le canal Saint-Louis[2]; créé en 1171, agrandi en 1236, afin de l'utiliser pour l'arrosage des terres, la plaine de Cavaillon lui doit, en très grande partie, sa fertilité.

Malgré le canal Saint-Louis, la population d'Avignon n'était point satisfaite. Aussi, en 1213, on projeta le canal de la Durançole ou de l'Hôpital, qui fut commencé en 1229 et qui amena les eaux de la Durance dans l'enceinte même de la ville.

Vers la même époque, en 1232, les Arlésiens obtinrent

1. GARCIN, ouv. cit., t. II, p. 269. — DE VILLENEUVE, ouv. cit., t. II, p. 181, 302.

2. BARRAL, *Les Irrigations dans le département de Vaucluse*, t. II, p. 96 et 190.

de Raymond Bérenger IV, comte de Provence, la permission de dériver les eaux de la Durance dans le territoire de Châteaurenard pour les conduire à Arles[1]. On dut sans doute utiliser une nouvelle fois pour ces travaux les anciens lits de la rivière, dont nous avons signalé tantôt la canalisation par les Romains, et dont certaines parties subsistaient encore au XIIe siècle[2]. Il est en effet parlé de ces dérivations dans une charte d'Alphonse Ier roi d'Aragon, marquis de Provence, en date du mois de mars 1167. Par cette charte, Alphonse donne à l'Église d'Arles le canal conduisant les eaux de la Durance à Salon, et de là, par deux branches différentes, à l'étang de Berre et au Rhône[3].

L'établissement de canaux d'irrigation ne suffisait pas aux activités humaines. Avant l'ère chrétienne, un certain nombre de voies de communication avaient été créées à travers la Provence. Au début du premier siècle, trois de s routes[4] avaient surtout une importance considérable : 1° la voie Aurelia, qui allait d'Arles à Vintimille ; 2° la route des Alpes Cottiennes, qui abandonnait la première à Saint-Remy et pénétrait en Italie par le mont Genèvre ; 3° la route de la rive gauche du Rhône, allant de Lyon à Arles et d'Arles à Marseille.

Ces voies primitives furent améliorées par les Romains, au fur et à mesure de l'étendue de leur domination. La voie Aurélienne fut restaurée sous Tibère, puis reconstruite par l'empereur Néron[5], en l'année 58. L'embranchement qui allait de Forum Voconii à Riez par Draguignan et Ampus, fut réparé par ordre de Tibère[6], au cours

1. GILLES, Les Fosses Mariennes, p. 24.
2. DE VILLENEUVE, ouv. cité, t. I, p. 93.
3. Dictionnaire archéologique de la Gaule, t. I, p. 511.
4. DESJARDINS, Géographie de la Gaule romaine, t. IV, p. 181.
5. Almanach du département du Var, 1818, p. 186 et 196.
6. Bull. S. des Antiquaires de Fr., t. XLVII, p. 152 et 155.

des années 31 et 32. Un pont fut alors construit sur la Nartuby, près de Draguignan ; il a existé jusqu'au début du
XIXᵉ siècle, et ses restes sont appelés encore aujourd'hui le
pont des Romains. Un autre pont fut construit, sans doute
aussi sous le règne de Tibère, sur le Verdon, route de Riez.
Sur la rive droite du cours d'eau, rive qui limite le département des Basses-Alpes, la voie fut taillée dans le
roc : on peut encore y reconnaître les traces des roues de
chariots [1].

L'empereur Constantin fit remplacer à Arles le pont en
bois, sur lequel on franchissait le Rhône, par un pont de
bateaux, *pons navalis*, comme l'appelle Ausone. Ce nouveau
pont était d'une magnifique structure et d'une grande largeur, puisqu'on avait établi à son centre une place et un
marché ; il s'appuyait su les deux rives du fleuve [2] au
moyen de culées en maçonnerie, dont on aperçoit encore
les amorces sur les quais de la ville actuelle.

En même temps, des routes nouvelles étaient tracées et
d'anciennes routes restaurées ou agrandies. Ainsi fut réta-
blie la route qui conduisait de Cimiez et de Nice au col de
Tende [3]. Cette voie avait été une des premières créées,
mais le passage par Vintimille et le bord de la mer l'avait
fait délaisser.

Le système des grandes voies militaires et commerciales
fut complété, sous les Romains, par toute une série de
routes transversales de moindre importance, qui rayon-
naient dans tous les sens pour assurer la rapidité des
communications [4]. Enfin de ces voies secondaires s'échappaient successivement, comme les menues branches d'un
arbre immense, un nombre considérable de chemins
d'exploitations rurales.

1. DE BOXSTETEN, *Carte archéologique du département du Var*,
p. 10 et 17.
2. ROCHETIN, *Étude sur la viabilité romaine*, p. 39.
3. DESJARDINS, *Géog. de la Gaule rom.*, t. I, p. 86 ; t. IV, p. 177.
4. LENTHÉRIC, *Les Voies antiques de la région du Rhône*, p. 125.

Sur la voie Aurélienne on avait déjà autrefois greffé plusieurs routes; on en greffa de nouvelles. Une de ces dernières quittait la via Aurelia à Cimiez, allait rejoindre par Levens les rives de la Tinée qu'elle remontait jusqu'à sa source, pour déboucher ensuite dans la vallée de Barcelonnette. De cette vallée un embranchement se rendait à Embrun et Gap[1], tandis qu'un autre ouvrait une communication avec la vallée de la Stura, par le col de l'Argentière. Cette dernière route devait être la régularisation d'un sentier frayé depuis longtemps, puisqu'une inscription retrouvée[2] indique qu'un préfet des Alpes-Maritimes avait fait réparer cette voie, en partie détruite par le temps.

Parmi les routes de cette époque, il faut citer encore l'embranchement qui se détachait de la voie Aurélienne près de Cagnes[3]. Cet embranchement montait à Vence, puis se dirigeait au nord-ouest vers Castellane, d'où il gagnait Riez. Cette voie fut créée sous le règne de l'empereur Caracalla entre les années 213 et 217. Elle fut une première fois réparée par les soins de Julius Honoratus, procurateur des Alpes-Maritimes; en 235, l'empereur Maxime la restaura de nouveau. Enfin rappelons que, dans le département actuel du Var, la voie de Forum Voconii à Aix et celle de Forum Voconii à Riez, étaient reliées par une route intermédiaire passant par Brignoles, franchissant l'Argens sur un pont dont les ruines existent encore près du village de Montfort, et traversant ensuite Carcès, Salernes et Aups[4].

Pour marquer les routes et indiquer les distances, les empereurs romains continuèrent, à l'exemple d'Auguste, à faire placer de mille en mille des bornes indicatrices. On

1. A. MICHEL, *Forum-Voconium*, p. 25, 39.
2. CHAPPUIS, *Étude sur la vallée de Barcelonnette*, p. 10.
3. *Mémoires de la Société des Antiq. de France*, t. VIII, 1857 p. 293, 327, 328.
4. DE BONSTETEN, ouv. cité, p. 12.

a trouvé[1] des milliaires au nom de Tibère, et datant de l'an 31-32, à Nice, à Vallauris, à Maillane, à Trinquetaille, sur le Rhône, et à Clans sur la rive gauche du Var. On a trouvé des milliaires de Claude à Pourcieux, dans le département du Var. Les bornes milliaires d'Adrien et d'Antonin ont été trouvées à Laghet, à Menton, à Monaco, à la Turbie, puis à Bauduen, sur la route de Fréjus à Riez, vallée du Verdon. Le long de la vallée de la Durance, les milliaires d'Antonin sont nombreux: on en a trouvé à Orgon, à Saint-Andéol, à Tarascon. D'autres milliaires ont été trouvés[2] au Luc, aux Arcs, à Tourves, à Cabasse, au cap Roux.

En outre de ceux que nous avons déjà indiqués, de très grands travaux de réparation furent encore exécutés à la voie Aurélienne au cours des années de 375, 376 et 377. A cette époque, les empereurs romains, au lieu d'élever de nouvelles colonnes itinéraires le long des grands chemins réparés[3], se bornaient à faire graver des inscriptions sur les colonnes érigées pendant les règnes précédents.

Toutes les routes romaines étaient encore à peu près praticables au temps de Charlemagne, mais bientôt elles furent abandonnées, et elles étaient à peine viables au moyen âge[4]. Aucune route nouvelle ne fut tracée à cette époque et, ainsi qu'on l'a fait remarquer avec raison[5], il n'est pas douteux qu'en l'an mil, à cette période malheureuse qu'on a pu comparer à l'âge de fer, il n'existait encore que les chemins construits par les conquérants de la Gaule, chemins dont les traces étaient et sont restées connues en Provence sous le nom générique de *Camin aurélian*.

---

1. DESJARDINS, *Géog. de la Gaule rom.*, t. IV, p. 178, 179, 182.
2. *Almanach du dép. du Var*, 1820, p. 158.
3. *Revue Archéologique*, 2e semestre, 1883, p. 55.
4. LENTHÉRIC, *Les Voies antiques de la région du Rhône*, p. 127.
5. P. AUBE, *Études sur les voies romaines*, p. 18.

III

Dans les siècles qui ont succédé au moyen âge et qui nous conduisent jusqu'à l'époque actuelle, les travaux transformant le sol de la Provence ont été poursuivis par les hommes, et plus le temps s'écoulait, plus ces travaux devenaient nombreux et importants.

Nous venons de signaler l'état d'abandon dans lequel furent laissées les anciennes voies romaines. Cette triste situation dura longtemps; on se bornait à réparer les ponts dont la chute interceptait les communications, et les quelques chemins qu'on put tracer le furent sans art, et n'étaient praticables que pour les transports à dos de mulet. C'était d'ailleurs le seul moyen adopté alors dans le pays; le roulage, en effet, ne commença à s'y introduire que vers la fin du xvıı⁰ siècle. Ce ne fut même que cent ans après, en 1757, qu'on s'inquiéta d'une façon sérieuse de la réparation des routes.

Malheureusement, la réglementation qui fut établie à ce moment n'eut pas une longue durée. Bientôt, à la suite de la Révolution, les routes furent de nouveau très négligées, et en fait le retour dans la voie du progrès ne date que de notre siècle. Les chemins de grande communication, qui marquent une des plus fortes étapes de cette voie du progrès, furent créés seulement par la loi du 21 mai 1836.

Il nous paraît inutile d'énumérer toutes les routes qui traversent actuellement la Provence: routes nationales et départementales, chemins vicinaux et ruraux, sentiers d'exploitation, etc. Un simple coup d'œil jeté sur une carte remplacera avantageusement des descriptions longues, arides et forcément diffuses. Rappelons toutefois que, dans les Alpes-Maritimes, les voies de communication

étaient à peu près nulles sous le gouvernement sarde ;
celles qui pouvaient exister étaient dans un déplorable état.
Depuis l'annexion de 1860, des travaux considérables ont
été entrepris, et ce pays est maintenant doté de routes
nombreuses et excellentes[1]. Le nombre de ces routes s'est
même fortement accru dans ces dernières années, par
suite de la création de voies stratégiques, établies dans le
voisinage de la frontière italienne.

S'il nous a paru inutile d'énumérer toutes les routes sil-
lonnant la Provence, de même il n'est point nécessaire,
à notre avis, de signaler les voies ferrées qui, dans
la deuxième partie du XIXᵉ siècle, ont transformé notre
pays méridional, reliant les villes et les villages les plus
éloignés, ouvrant aux produits des campagnes les marchés
actifs des grandes cités. Disons toutefois que ces voies
ferrées ont donné lieu à des travaux très importants, à des
œuvres d'art remarquables : tunnels, viaducs, ponts, tran-
chées, remblais, déblais, rampes, etc. Grâce à ces œuvres
d'art et à ces travaux, les vallées ont été franchies, les
montagnes reliées les unes aux autres, parfois traversées
de part en part.

Si les progrès, dans l'établissement de sérieuses voies de
communications, furent lents et difficiles, il n'en fut pas
tout à fait de même pour la construction des canaux d'irrigation. Déjà à l'époque romaine, puis au moyen âge,
diverses entreprises avaient été tentées pour amener les
eaux dans les endroits qui en étaient privés. Néanmoins
beaucoup de localités et de campagnes n'étaient pas encore arrosées. La Crau, par exemple, dans la plus grande
partie de son étendue, était restée inculte ; au XVIᵉ siècle[2],
elle comprenait 53 000 hectares arides et désolés.

Raymond de Bollène, archevêque d'Arles, avait conçu

1. Roux, *Statistique des Alpes-Maritimes*, t. II, p. 101.
2. *Annales des Ponts et Chaussées*, 1ᵉʳ sem. 1873, p. 256.

autrefois le projet d'un canal dérivé de la Durance, mais aucune suite n'avait été donnée à cette idée. Il était réservé à un fils de la ville de Salon de montrer ce qui pouvait être entrepris dans ce but.

Voyant la Crau s'étendre jusqu'au pied de sa ville natale, Adam de Craponne conçut, en effet, l'idée de dériver une partie des eaux fertilisantes de la Durance et de répandre les dix ou douze millions de mètres cubes de riches limons, qu'elles entraînent chaque année à la mer, sur la surface désolée qui était sans cesse devant ses yeux. Pendant toute sa jeunesse et au milieu de circonstances diverses, il ne cessa de penser à la transformation de « sa chère Crau en plaine arrosable et labourable[1] ».

À la fin de l'année 1548, Adam de Craponne sollicite et obtient la concession d'un canal dérivé de la Durance. Les événements ne lui permirent que six ans après de commencer à exécuter ses projets. L'entreprise fut achevée dans une période de dix années, mais non sans de nombreuses difficultés. Le canal a une longueur de 68 kilomètres : il a été tracé suivant le cours d'anciennes dérivations de la Durance, dérivations que nous avons eu déjà l'occasion de signaler et qui n'ont complètement disparu qu'au siècle dernier[2]. Il prend naissance à la Roque d'Antheron, près du pont de Cadenet, et va jusqu'à Lamanon. À ce point, il se divise en deux branches : celle d'Arles et celle de Salon. Cette dernière se subdivise elle-même et se jette en partie dans la rivière la Touloubre et en partie dans l'étang de Berre. Ces branches diverses, qui enlèvent à la Durance 24 mètres cubes d'eau à la seconde, se ramifient en une multitude de rigoles et de « béals »[3], qui circulent en tous sens dans les plaines immenses et pierreuses de la Crau, dont 13 500 hectares sont ainsi arrosés.

1. LAVAT, *Nouvelle Revue*, 15 juin 1892, p. 781.
2. *Dictionnaire archéologique de la Gaule*. t. I, p. 811.
3. DE VILLENEUVE, ouv. cité. t. III, p. 702.

Tel fut le bienfait de ce gentilhomme de Provence,
« dont la fortune, la magnifique intelligence et la vie même
ont été absorbées par la réalisation de l'œuvre qui porte
aujourd'hui son nom ».

Devant le succès obtenu par Adam de Craponne, les
habitants du Comtat-Venaissin reprirent, plus activement
que jamais, la tâche qu'ils avaient autrefois entreprise.
Déjà François Iᵉʳ avait accordé à la commune de Cavaillon
le droit de détourner les eaux de la Durance, prises à
Mérindol[1]. Ce n'était pas suffisant. En 1556, l'Assemblée
des États du Comtat décide de donner une plus grande
extension au vieux canal de Cavaillon, création du xiiiᵉ siècle. Plus tard, on dérive encore de la Durance vers Cavaillon le canal de Cabedan-Vieux, puis le canal de Cabedan-
Neuf, enfin celui de Janson. Le canal de Crillon, qui fut
aussi dérivé de la Durance, fut achevé en 1775 et trans-
forma une partie du département de Vaucluse en jardins
luxuriants et en magnifiques prairies très productives.

Dans les Bouches-du-Rhône, on ne restait pas inactif.
Tous les documents historiques sur la Provence et plus
particulièrement sur Marseille, indiquent que cette ville,
pendant les xvᵉ, xviᵉ, xviiᵉ et xviiiᵉ siècles, était exposée,
par la rareté des pluies et l'insuffisance des sources et des
cours d'eau, à des épidémies et à la famine. L'historien de
Ruffi assure que les préoccupations des Marseillais, pour
obtenir de l'eau potable, remontaient au xᵉ siècle, et cela
malgré trois anciens aqueducs qui desservaient différents
quartiers de la ville.

La pensée d'un canal dérivé de la Durance pour alimenter Marseille appartient à la Maison d'Oppède qui,
en 1507, avait obtenu dans ce but une charte du roi
Louis XII. Mais ce projet ne fut pas mis à exécution. En
1628, sous Louis XIII, il fut question d'un canal qui

1. BARRAL, ouv. cité, t. II, p. 80.

devait alimenter Aix et Marseille et avoir sa prise soit dans la Durance, soit dans le Verdon. Rien ne fut entrepris. Cependant, vers la fin du siècle dernier, les États de Provence s'associèrent à l'œuvre d'Adam de Craponne en ordonnant l'ouverture du canal de Boisgelin, aujourd'hui connu sous le nom de canal des Alpines. Dérivé lui aussi de la Durance, le canal de Boisgelin fut approuvé et ordonné en 1773, mais il ne fut achevé qu'au xixᵉ siècle, et non sans avoir subi, dans son tracé, de nombreuses modifications. Il arrose à cette heure les territoires d'Eyguières, de Salon, de Saint-Remy, et forme avec le canal de Craponne un inextricable réseau.

Bien d'autres travaux d'irrigation furent entrepris, en Provence, pendant les siècles antérieurs au nôtre. Nous ne pouvons les mentionner tous. N'oublions pas de rappeler cependant qu'en 1462, dans le département actuel du Var, un enfant du pays fut autorisé à détourner les eaux du Gapeau [1]. En dépit des préventions de ses concitoyens, il parvint à donner à Hyères les magnifiques jardins qui en font la richesse et l'ornement.

Au cours de notre siècle, les travaux exécutés pour amener l'eau dans les villes et les campagnes qui en étaient privées, ont été plus importants que jamais. Le département des Basses-Alpes a successivement créé le canal de Sisteron, alimenté par le Buech; le canal de la Brillane, dérivé de la Durance; puis encore les canaux de l'Adrech, du Martinet, de Revel, et enfin celui de Manosque, dont la construction s'achève.

Le département de Vaucluse a restauré et agrandi les canaux de Cavaillon, de l'Isle et de Pierrelatte [2]; il a créé aussi ceux de Pertuis, de Puy et de Mérindol. Le canal de Cadenet, entrepris au siècle dernier, a été inauguré le 15 septembre 1861; il prend sa source en Durance et

1. GARCIN, ouv. cité, t. I, p. 587.
2. BARRAL, ouv. cité, t. I, p. 127.

arrose une plaine de 25 kilomètres, abritée au nord par le
massif du Luberon, ouverte au midi à l'action bienfaisante
du soleil de Provence. Le canal de Carpentras, qui est
aussi une œuvre récente, traverse presque entièrement le
département de Vaucluse; il est dérivé de la Durance, et
va se jeter dans le Rhône. Grâce à ce canal, les environs
de Carpentras, autrefois d'une stérilité proverbiale, offrent
aujourd'hui une végétation qui rivalise avec celle des
meilleures terres.

Dans les Alpes-Maritimes, plusieurs œuvres semblables
ont été entreprises. La ville de Cannes a dirigé vers ses
murs les eaux de la Siagne; Saint-Raphaël a fait dans un
but semblable d'importants travaux; Nice est allé chercher à Saint-Jean-la-Rivière les eaux de la Vésubie, qui
arrosent maintenant tout le littoral jusqu'à Menton.

Dans les Bouches-du-Rhône, depuis le commencement
du xixe siècle, de nombreux canaux ont été construits.
Ceux de Langlade et d'Istres sont venus se joindre aux
canaux de Craponne et des Alpines pour arroser la Crau.
Sur la rive gauche de la Durance, d'autres canaux ont été
exécutés: ceux de Peyrolles, de Saint-Andéol, de Sénas,
de Châteaurenard, de Marseille. Ce dernier, autorisé par
la loi du 4 juillet 1838, est certainement le plus important.
Les travaux furent commencés le 15 novembre 1839 et les
eaux arrivèrent à Marseille dix ans après, le 19 octobre 1849.
Dérivé de la Durance, en amont du pont de Pertuis, à une
altitude de 187 mètres, il contourne à l'ouest les chaînes
de la Trévaresse et d'Éguilles, perce une ramification de
la montagne de Sainte-Victoire, franchit la vallée de l'Arc
et va se jeter dans la Méditerranée après avoir traversé la
chaîne de l'Étoile. Il compte dans son trajet de nombreux
ouvrages d'art comme l'aqueduc de Roquefavour, les
souterrains des Taillades, de Notre-Dame, de l'Assassin, et
les réservoirs immenses de Saint-Christophe et de Réaltort.
Le canal de Marseille a régénéré en partie la Provence, en

donnant de l'eau non seulement à la grande métropole du midi, mais aussi à toutes les communes qui l'environnent.

Un des travaux d'irrigation les plus récents des Bouches-du-Rhône est le canal du Verdon, qui date seulement de 1875. Fort remarquable par la hardiesse de son tracé géographique, il apporte aux campagnes d'Aix l'eau prise à Quinson, dans une espèce de lac naturel formé à la limite des départements des Basses-Alpes et du Var.

Par suite de toutes ces rivières artificielles, la carte hydrologique de la région provençale est aujourd'hui extrêmement compliquée. Ce n'est que par une attention soutenue que l'on peut débrouiller l'enchevêtrement des divers canaux. « Après les *huertas* de l'Espagne et les plaines de la Lombardie, a écrit Élisée Reclus [1], les campagnes riveraines de la basse Durance sont assurément le territoire le mieux arrosé de l'Europe. »

Si, au cours de ces derniers siècles, on a transformé la Provence en amenant les eaux partout où elles n'étaient pas, par contre on a, en même temps, travaillé à éloigner les eaux et à les faire disparaître de tous les endroits qu'elles occupaient inutilement.

Nous avons vu qu'au moyen âge, certaines digues avaient été élevées sur les rives du Rhône et de la Durance. Mais ces travaux, trop peu importants, n'empêchaient point les inondations. Les chroniques de Provence et du Languedoc ont conservé le souvenir d'un grand nombre de ces catastrophes. Depuis 1471, seize fois jusqu'en notre siècle, les eaux du Rhône se sont répandues sur les rives du fleuve, et ce fait s'est encore renouvelé sept fois dans la seule première moitié du XIXᵉ siècle.

Ces inondations, comme celles que nous avons signalées

1. *La France*, p. 235.

antérieurement, étaient dues, pour une large part, au système fâcheux des déboisements. En 1536, Charles-Quint avait fait incendier les forêts de l'Esterel. D'autre part, des défrichements, conseillés par les besoins nouveaux qui s'accroissaient tous les jours, des coupes, exécutées sans règle comme sans frein, continuaient à dépouiller rapidement nos montagnes de leur riche parure. Des bois, qu'on devait regarder comme sacrés, furent détruits pour la construction des maisons, pour le chauffage des habitants, pour la calcination de la chaux et du plâtre.

Ch. Bouche[1] constatait en 1785 que, depuis trente ou quarante ans, on avait fait un abatis effrayant de sapins et de chênes dans les Alpes. Les parlements renouvelaient vainement leurs arrêts, pour mettre un terme aux déboisements et aux défrichements des montagnes. Le mal ne cessait pas. Il s'aggrava pendant la Révolution, et les déprédations de cette époque occasionnèrent la disparition d'un nombre incalculable de forêts.

Les conséquences fâcheuses ne se firent point attendre : tous les cours d'eau furent transformés en véritables torrents. Les ravages de ces torrents étaient comparés[2] « à l'effet d'un tremblement de terre qui aurait fait disparaître, dans plusieurs communautés, la moitié du sol ». A Digne, en 1762, la rivière la Bléonne détruit en grande partie les fonds les plus précieux du territoire. A Castellane, en 1767, le géomètre du pays constate par un procès-verbal que, depuis une quarantaine d'années, cette ville a perdu une partie considérable de ses terres, couvertes de graviers par des débordements successifs.

Aujourd'hui, dans toute la région alpine, les habitants du pays voient leurs propriétés disparaître sous d'énormes amas de rochers et de cailloux. Les campagnes sont abandonnées, et ce désert, qui sépare les riches vallées tribu-

1. *Essai sur l'Histoire de la Provence.* t. II, p. 539.
2. Ch. de Ribbe. *La Provence.* p. 86, 106.

taires du Rhône des plaines si populeuses du Piémont, ce sont les montagnards eux-mêmes qui l'ont fait[1]. « Dans la région irrigable, écrivait tout récemment M. Antoine de Saporta[2], les arbres disparaissent, pourchassés par l'avarice des villageois. »

Pour arrêter les débordements du Rhône, François Ier avait fait creuser à grands frais, en 1552, une dérivation rejetant toutes les eaux du fleuve à l'est; cette dérivation fut appelée « la grande brassière du Rhône[3] ». Des travaux d'endiguement furent aussi exécutés et, en fixant définitivement le fleuve dans les limites artificielles que nous lui connaissons aujourd'hui, on était parvenu à abriter de l'inondation bien des terres riveraines; on avait obligé le fleuve à céder à l'agriculture certaines lisières autrefois envahies par les eaux.

Malheureusement ce qui s'était produit au cours du moyen âge se renouvela. En forçant le fleuve à suivre des sinuosités artificielles, on créait partout des « Rhônes morts », larges sillons qui étaient des canaux navigables et qui devinrent des amas d'eau croupissante. Les étangs et les marais, n'étant plus en relations établies avec les cours d'eau, se trouvèrent exposés à une évaporation active; leur niveau rapidement s'abaissa[4], et ils devinrent alors des palus malsains. On avait établi partout la tristesse, la désolation, la fièvre, la mort.

On revint donc à l'idée de desséchement de tous ces marais. Jamais d'ailleurs cette idée n'avait été complètement abandonnée, et des travaux s'effectuaient dans ce but, tantôt sur un point, tantôt sur un autre de la Provence. Ainsi, dans les environs d'Aubagne, on travaillait sans cesse. Ce territoire comprenait encore une grande étendue de

1. ÉLISÉE RECLUS, La Terre, p. 380, 382.
2. Revue des Deux Mondes, 15 mai 1897, p. 117.
3. LENTHÉRIC, La Région du Bas-Rhône, p. 41.
4. LENTHÉRIC, La Grèce et l'Orient en Provence, p. 44 et 321.

terres incultes et marécageuses, constamment envahies
soit par les eaux pluviales, soit par celles des sources voisines. Ces eaux n'avaient point un écoulement suffisant, et
leur stagnation donnait toujours naissance à de nombreux
cas de fièvre. Les travaux exécutés précédemment n'avaient
rien produit de définitif : on en commença d'autres. Ce fut
en 1451, et le 16 février, que la commune d'Aubagne entreprit cette œuvre nouvelle, qui se poursuivit jusqu'en
1459. Charles de Castillon, seigneur d'Aubagne, avança les
fonds nécessaires pour l'exécution de ces travaux qui
assainirent le territoire et le rendirent plus productif.

Le bel exemple qu'avait donné Charles de Castillon fut
suivi par son gendre, Palamède de Forbin ; grâce à ce dernier, les palus de Gémenos, attenant à ceux d'Aubagne,
furent également desséchés[1].

D'autre part, un acte du 11 mars 1509 fait connaître qu'à
ce moment le bassin de Cuges était encore sous l'eau.
Mais, peu après, pour immerger les terrains de la plaine,
on détourna le lit des torrents et on creusa divers fossés ;
toutefois le complet desséchement de l'ancienne cuvette
lacustre de Cuges ne fut achevé que vers le milieu du
xviiᵉ siècle.

A Fréjus, les travaux que l'on avait autrefois entrepris
n'avaient point amélioré l'état de cette région. Les eaux
du Reyran et de l'Argens divaguaient toujours dans la
plaine, entretenant les fièvres qui désolaient encore ce
pays, comme elles l'avaient déjà fait aux siècles précédents. En 1550, on crut remédier à cette situation en amenant une partie des eaux de l'Argens dans les étangs qui
entouraient le port. Rien n'y fit. En 1663, ce port, « autrefois renommé et fréquenté par-dessus tous les autres de
la Provence, s'était tellement rempli qu'il n'était plus
capable de recevoir autant de bateaux qu'il le faisait an-

1. BARTHÉLEMY, ouv. cit., t. I, p. 176, 177.

ciennement ». L'année suivante Honoré Bouche écrivait[1] que l'on ne pouvait arriver de la mer à Fréjus que par un petit canal, et sur de petites barques.

En 1704, on voyait à la place du port de Fréjus un étang marécageux, n'ayant aucune communication avec la mer[2]. La ville était de plus en plus en proie aux influences malsaines de ce foyer délétère.

Le roi Louis XVI, en 1779, accorda un secours afin de porter remède à cette situation. Des études furent alors entreprises pour le rétablissement du port : elles n'aboutirent]pas. Un autre système fut préconisé. Dès qu'on ne pouvait plus rétablir le port, il était urgent de le combler entièrement. On décida d'y jeter, en le déviant, le fort torrent du Reyran, qui devait entraîner avec lui une grande quantité de sable, de graviers et de pierres. Ce travail fut exécuté en moins de trois années et, dès 1794, le résultat prévu commençait à se réaliser[3]. « Aujourd'hui la charrue passe, là où autrefois sillonnaient des navires montés par d'innombrables rameurs, pleins d'audace et de force[4]. »

Tandis que, sur divers points de la Provence, on travaillait activement à faire disparaître tous les endroits marécageux, plusieurs spéculateurs avaient traité ou voulu traiter, notamment en 1540, puis en 1584, avec la commune d'Arles pour le desséchement de ses marais. Adam de Craponne, dont le nom fut alors mêlé à toutes les entreprises heureuses pour nos régions méridionales, avait désiré aussi s'en occuper. Mais, tantôt pour une raison, tantôt pour une autre, la réussite n'avait couronné aucun de ces projets[5].

1. Ouv. cité, t. I, p. 247.
2. *Congrès Archéologique de France*, Fréjus, 1866, p. 336.
3. Aubenas, *Histoire de Fréjus*, p. xix.
4. *Annuaire du département du Var*, 1836, p. 51.
5. De Villeneuve, ouv. cité, t. I, p. 49; t. III, p. 750.

Henri IV conçut à la même époque le dessein de dessécher et de mettre en culture tous les marais du royaume.
Il ne trouva malheureusement personne, en France, qui
voulût se charger d'une pareille entreprise. Il s'adressa
alors aux Hollandais. Habitants d'un limon apporté par le
Rhin molécule par molécule et déposé au niveau des basses
eaux, les Hollandais avaient, en effet, accompli déjà d'immenses travaux pour conquérir les terrains à demi submergés, et assurer leur conquête contre les irruptions de
la mer et des fleuves[1]. Humphroy Bradley, maître des
digues de Berg-op-Zoom, en Brabant, répondit à la demande du roi. Henri IV, par un édit du 8 avril 1599, lui
céda « la moitié des palus et marais dépendant du domaine
de la couronne et de ceux qui appartenaient à des propriétaires qui refuseraient de les dessécher eux-mêmes ».

La mort de Henri IV vint bientôt arrêter l'essor de ce
plan[2]. Toutefois son successeur Louis XIII, appréciant,
lui aussi, les avantages des desséchements, fit appel à un
autre ingénieur hollandais, Jean Van Ens; il l'envoya
dans le Midi pour se rendre compte de la situation, et
pour traiter ensuite de gré à gré avec la ville d'Arles et les
propriétaires des marais.

Van Ens vint en Provence en 1622. Les études qu'il entreprit durèrent v   ns: il établit en principe et il fit
comprendre que les eaux stagnantes ne pouvaient s'écou-
ler qu'au moyen de canaux. Sans doute on avait déjà
commencé à construire plusieurs de ces canaux, mais,
creusés sans ordre, sans méthode, ils ne pouvaient produire aucun résultat pratique, ni se rattacher à un plan
général[3]. Van Ens promit de dessécher en six ans tous les
palus, marais, bois, étangs et terres inondées des environs
d'Arles et des Baux.

1. L'abbé CHEVALIER, ouv. cité, p. 215.
2. LENTHÉRIC, *La Région du Bas-Rhône*, p. 47.
3. DE VILLENEUVE, ouv. cité, t. III, p. 750, 755, 756, 763.

Il se mit à l'œuvre en 1642 et, par des projets savamment conçus et habilement exécutés, il changea la face des lieux en très peu d'années. Les eaux qui alimentaient les marais furent conduites en partie vers le Rhône, en partie vers la mer. Pour arriver à ce résultat, Van Ens utilisa le canal de la Vuidange, dont l'origine remontait au xii° siècle, et le Vigueirat, véritable rivière artificielle établie partiellement dans la direction d'un ancien lit de la Durance[1]. Ces cours d'eau débouchaient dans l'étang du Landres, qui communiquait lui-même avec la mer par le grau de Galéjon.

Grâce à ces travaux, les marais d'Arles, de Fontvieille, de Mollèges, d'Eyrargues, de Graveson, de Maillane, de Tarascon et de Saint-Remy furent desséchés. Un très grand progrès était fait; malheureusement Van Ens mourut. Ses successeurs allaient néanmoins continuer sa tâche, quand la révocation de l'Édit de Nantes obligea tous les Hollandais à fuir la Provence. Alors les propriétaires intéressés dans cette affaire se réunirent en association; mais bientôt des discussions s'élevèrent, des procès naquirent[2]. L'œuvre de Van Ens resta suspendue : les canaux qu'il avait créés furent délaissés et les terrains redevinrent marécageux[3]. Si, au commencement du xvii° siècle, on ne pouvait aller d'Arles à Mont-Majour qu'en bateau, vers la fin du xviii° on n'était pas beaucoup plus avancé. Il fallait, en effet, s'embarquer toujours à Arles et traverser une partie des étangs sur des barques ou des radeaux[4]. A cette époque, on signalait encore[5], sur la rive gauche du Rhône, 7246 hectares de marais à dessécher.

1. Comte DE REVEL DU PERROX, État descriptif de l'arrondissement d'Arles, p. 11.
2. LEGIER, Observ. sur le projet de dessécher les marais d'Arles, p. 130.
3. DE VILLENEUVE, ouv. cité, t. III, p. 766.
4. LENTHÉRIC, La Grèce et l'Orient en Provence, p. 121.
5. DARLUC, Histoire Naturelle de la Provence, t. I, p. 253.

Vers le même temps, d'autres maux frappaient la Provence. Le port d'Arles, dont la prospérité s'était maintenue pendant la plus grande partie du moyen âge, avait rapidement décliné. Ce déclin était dû, pour une large part, à l'état des embouchures du Rhône : la hauteur de la barre, l'oblitération des passes, l'instabilité du lit et les variations des bras du fleuve apportaient des obstacles de plus en plus sérieux à la navigation.

La question, qui avait été à l'ordre du jour à l'époque romaine, et que Marius avait résolue par un canal latéral, se posait ainsi de nouveau et revenait en discussion.

Cette situation fâcheuse paraît avoir éveillé pour la première fois, en ces derniers siècles, la sollicitude du gouvernement, vers 1662. Colbert, en effet, fit rendre à cette époque une ordonnance royale enjoignant aux trésoriers des finances, en Provence, de donner leur avis sur la construction d'un canal entre Tarascon et l'étang de Berre.

A ce moment commence une lutte qui devait devenir séculaire. Les projets et les mémoires se succèdent, exposant divers moyens de porter remède au mal. Les uns veulent revenir à l'idée pratique de Marius, « imiter les Romains, ouvrir leur canal ou en créer un autre pour conduire les bâtiments à Fos ou dans le port de Bouc[1] ». Les autres « estiment que si toutes les branches et eaux du Rhône étaient réduites et contenues en un seul canal, l'eau y coulerait avec plus de rapidité et, par ce même moyen, emporterait dans la mer le sable ou nitte de la rivière ».

En 1691, Vauban se prononce nettement pour le premier de ces systèmes quand il demande l'ouverture d'un canal conduisant d'Arles à Fos, à travers les plaines de la Crau. « Les embouchures du Rhône, dit-il, seront toujours

---

1. BARRAS DE LAPEXXE, *Portulan de la mer Méditerranée.*

incorrigibles et elles ne seraient plus d'aucune considération si ce projet avait lieu. »

Malgré ces compétents avis, c'étaient les partisans de l'endiguement qui étaient en faveur à Paris et qui obtenaient gain de cause. Mitton, intendant de la marine, fait prolonger de nouveau, en 1725, les digues du Rhône. En même temps des môles, solidement fixés et enserrant les eaux, sont entrepris au Grau du Roi, près d'Aigues-Mortes.

Mais, comme l'a dit avec raison M. Desjardins[1], on ne détruit pas un obstacle avec une force renfermant en elle la cause même qui produit cet obstacle. Les eaux ainsi ramassées, mais toujours chargées de limon, ont porté la barre plus loin et ne l'ont pas supprimée. Aussi tout le xviii° siècle se passe en plaintes répétées de la ville d'Arles relatives au mauvais état des embouchures du Rhône[2]. La situation de cette cité, autrefois florissante, devenait toujours plus mauvaise : « Sa dépopulation annonçait sa ruine prochaine[3]. »

Néanmoins, par une contradiction qu'on s'explique difficilement, Arles était elle-même opposée à l'établissement d'un canal latéral au Rhône. En 1778, un de ses administrateurs, Noble-Lalauzière, en développant la thèse de l'endiguement, remporté le prix, mis au concours par l'Académie de Marseille, et ayant pour sujet les moyens les plus propres à vaincre les obstacles que le Rhône oppose au cabotage entre Arles et Marseille. En 1784, une commission, nommée par la ville d'Arles, adopte le projet Lalauzière. Six ans plus tard, Remillat, ingénieur en chef du Languedoc, se rangeait au même avis. Son mémoire fut imprimé par ordre de l'Assemblée Nationale, et le 1er juin 1791, un décret approuva définitivement les projets d'en-

1. *Géographie de la Gaule romaine*, t. I, p. 210.
2. SCHELL, *Mémoire sur les embouchures du Rhône*, p. 8.
3. CH. BOUCHE, ouv. cité, t. I, p. 113.

diguement. Mais les discordes de cette époque ne permirent pas de réaliser cette œuvre.

Le calme rétabli, la question revint en discussion. En 1802, Napoléon trancha le débat en faisant ouvrir le canal d'Arles à Bouc. Malheureusement les travaux furent conduits avec lenteur, même interrompus de 1813 à 1822, et l'œuvre ne fut achevée d'une façon définitive qu'en 1834.

A l'heure même où la question semblait enfin résolue, une transformation imprévue vint tout remettre en discussion. La nouvelle voie d'eau était en état de suffire à toutes les exigences de la batellerie fluviale, alors que les navires à voiles régnaient seuls en maîtres; elle ne le fut plus le jour où elle se trouva en présence de la révolution que la vapeur venait d'accomplir dans le régime des transports en rivière. Le canal d'Arles à Bouc devint immédiatement trop petit et peu utilisable. Il fallait l'agrandir. Alors ceux qui en étaient les adversaires, en même temps qu'ils demeuraient les partisans de l'endiguement du Rhône, reprirent les hostilités.

En 1849, le Conseil général des ponts et chaussées se prononça pour l'endiguement. Dans ce but, des travaux furent exécutés de 1852 à 1857 : les divers graus, par lesquels l'eau du Rhône s'épanchait latéralement, furent fermés; les deux rives de la bouche principale furent au contraire prolongées au moyen de digues, convergeant l'une vers l'autre et doublant ainsi la force du courant.

Bientôt cependant l'espoir qu'on avait fondé sur l'efficacité de tous ces travaux fut, une fois encore, déçu : une nouvelle barre se forma au large de l'embouchure[1]. C'est à ce moment que fut dressé par M. Surell le projet du canal Saint-Louis. Ordonnés par le décret du 18 mai 1863, les travaux commencèrent immédiatement et, huit ans

1. E. RECLUS, *La Terre*, t. I, p. 485.

après, le canal était ouvert à la navigation. Sa longueur est de 3300 mètres; il prend naissance dans le Rhône, à 600 mètres en aval de la tour Saint-Louis, et se dirige en droite ligne, de l'ouest à l'est [1], jusqu'au golfe de Fos.

Mais le canal Saint-Louis débutait trop près des embouchures pour ne pas subir les mêmes inconvénients que le fleuve. Ses eaux, en effet, entraînent de nombreuses alluvions, et le golfe de Fos tend à s'envaser. La comparaison des sondages, opérés à trente années d'intervalle, a fait naître déjà les plus vives appréhensions. Les trois cinquièmes de la baie sont aujourd'hui envahis par les sables [2]. Tous les navires fuient ces parages, et ainsi le canal qui devait sauver la navigation du Rhône, enrichir le Midi, développer le commerce et l'industrie, n'a rien produit, ne pouvait rien produire.

C'est cette triste et fâcheuse constatation qui fait réclamer à cette heure un canal plus commode, débutant à Arles, joignant le Rhône aux ports de Marseille et permettant d'utiliser l'étang de Berre comme un vaste bassin maritime, lieu de refuge des flottes de commerce, en cas de guerre navale. Malgré des promesses, des études, de l'argent, cette œuvre, d'une utilité incontestable, n'est point encore commencée. Espérons qu'elle sera le travail de demain.

Le canal d'Arles à Bouc, qui n'avait pu satisfaire que très imparfaitement aux besoins de la navigation, devait avoir cependant un heureux résultat pour la Provence. Le décret qui ordonnait l'établissement de ce canal portait, dans son ampliation, qu'il joindrait à la navigation le dessèchement et la salubrité des contrées traversées. Il a rempli d'une façon très satisfaisante ce second but. Devenu le

1. LENTHÉRIC, *La Région du Bas-Rhône*, p. 226.
2. LENTHÉRIC, *La Grèce et l'Orient en Provence*, p. 312.

fossé d'écoulement à la mer de toutes les eaux stagnantes, il a assaini le territoire d'Arles et a livré à la culture une étendue d'environ 35 000 hectares de marais[1].

Ces améliorations du sol se poursuivent maintenant par une série de défrichements et par de grands travaux de colmatage. Aussi une ère de splendeur agricole semble s'ouvrir pour cette Crau dont le nom, hier encore, éveillait l'idée d'aridité et de non-valeur absolue[2].

La Camargue, à son tour, a subi de considérables améliorations. Au commencement du xixᵉ siècle, sa surface, absolument inculte, ne présentait que des marais malsains. Il ne s'y trouvait pas d'eau potable. Aujourd'hui elle compte 6000 hectares de vignes et nourrit, pendant les mois d'hiver, environ 200000 moutons.

Bien d'autres travaux, ayant le même objet, ont été poursuivis pendant tout le cours du xixᵉ siècle. Ainsi, dans le département du Var, les marais d'Hyères, qui causaient encore des épidémies en 1807, ont été desséchés. De même dans les Alpes-Maritimes, ceux de Mougins, près de Grasse. Dans ce dernier département, par suite de travaux très bien conçus et qui n'ont eu à recevoir, après l'annexion de 1860, qu'un complément d'exécution, le Var a été endigué, les marécages de ses bords ont disparu, le pays a été assaini : cinq cents hectares de bois et de graviers, soustraits aux inondations, ont été déjà convertis en terres fertiles. Actuellement toute la partie supérieure de la vallée est couverte de champs et de prairies; dans quelques années, ces améliorations s'étendront jusqu'à l'embouchure du fleuve[3].

Dans le département de Vaucluse, les marais de Monteux, près de Carpentras, ont été soumis au dessèche-

---

1. Surell, *Mémoire sur l'amélioration des embouchures du Rhône*, p. 11.

2. Levat, *Nouvelle Revue*, 15 juin 1892.

3. Lenthéric, *La Provence maritime*, p. 139.

ment[1]. La plaine d'Avignon a été assainie et livrée à la culture; les eaux croupissantes sont localisées et maintenues dans les lits réguliers[2].

La Provence tout entière a donc bénéficié largement des transformations que nous avons successivement signalées. Cependant le gain a été surtout considérable pour le littoral, par suite des nombreux travaux exécutés dans tous les ports et tous les mouillages de la côte méditerranéenne. A Menton, à Nice, à Cannes, à Saint-Raphaël, à Bandol, à Toulon, à Marseille, à Martigues, à Port-de-Bouc, à Saint-Louis-du-Rhône, les œuvres ont été importantes : des quais, des bassins, des jetées, des canaux, des villes ont été créés.

Mais, en nous étendant davantage sur ces améliorations récentes, sur ces nouvelles transformations géographiques, nous sortirions du cadre que nous nous sommes tracé. Les détails que nous avons donnés suffisent d'ailleurs, il nous semble, pour faire connaître nos régions méridionales et, si on le veut, pour ne plus laisser vrai le mot de Portalis : « L'état de la Provence n'est pas assez connu. »

1. GARCIN, ouv. cité, t. II, p. 225, 237.
2. LENTHÉRIC, *Le Rhône*, t. II, p. 195.

DÉSACIDIFIÉ
À SABLE : 190

www.ingramcontent.com/pod-product-compliance
Lightning Source LLC
Chambersburg PA
CBHW051731090426
42738CB00010B/2204

* 9 7 8 2 0 1 2 6 8 1 4 8 4 *